私たちの平和な生活はガラスのように脆い

明日は戦場にいるかもしれない
――習近平の野望――
私たちの平和な生活はガラスのように脆い

かつての東西冷戦では、双方が、『時はこちらに味方する』と考えたから、米ソの直接対決という熱い戦争にならなかった――。

ハル・ブランズ&ジョン・ルイス・キャンディス

――では、今、もし、どちらかの大国が「時は相手を利するのみ」と考えたら、何が起こるのだろう。――

筆者の切なる願い ―前書きにかえて―

二二年二月末以降、連日のようにロシアによるウクライナ侵略の様子が伝えられている。アパートやショッピングモールが攻撃され、ごく普通の主婦や子供たちが傷つき、死んでいく。あまりに痛々しい光景だ。しかし、これは日本でも起こるかもしれない悲劇なのだ。それまで、疑うこともなく当たり前に送っていた平穏な生活が、突然の侵略によって崩れ去る――。

ウクライナで起きたことは、近い将来、東アジア・日本でも起こりうること。私たちの目に見えない水面下で、多くの国が牙を研いでいる。国内で愚かな国会議員の足の引っ張り合いをしている余裕はないほど、日本を巡る世界情勢は緊迫している。

日本はもう八〇年近く、戦争をしていない。けれどそれは、明日も、明後日も、来年も戦争に巻き込まれない、という保証にはならない。災厄は、こちらが望まなくとも突然降りかかってくるものなのだから。

この本の最大の目的は、日本を戦禍に巻き込まないことだ。

今、中国はできるだけ頭を低くして、ロシアが引き起こした「世界的な反感」に巻き込まれない様にしている。習近平は慎重に周囲の反応を伺っているのだ。アメリカから制裁を受けているもの同士、絆をアピールするはずだった上海協力機構の会談（二二年九月）でも、ロシアに対し冷淡だった。

中国はコロナ禍などで大きなダメージを受けている。弱っている時に、ロシアの誤算に巻き込まれて、さらにアメリカの制裁を受ける事は絶対に避けたい。できるなら、トランプにかけられた経済制裁を一刻も早く解除してほしいくらいなのだ。経済こそが中国の原動力なのだから。しかし、数年後には力を取り戻し、必ず「拡大主義」の牙を剥き出しにしてくるだろう。

習近平には、「自分がやらなければならない」と思っていることがある。

——共産党独裁の強化と台湾統一——。

建国の父、毛沢東に並ぶためには。

青年時代、地方に飛ばされ、岩穴で暮らした屈辱の記憶を塗り替えるためには。

それは、習近平の妄執だ。

プーチンの失敗は「正しいやり方」を学ぶための教訓にはなっても、彼の最終目標を変えさせることにはならない。彼は、いつ、どうすれば、ロシアの様な失敗を犯さず目的を達成できるか、虎視眈々と世界の反応を分析しているのだ。国内の権力基盤をさらに固めつつ。

二二年一〇月、バイデン政権が初めてまとめた国家安全保障戦略は衝撃的だった。「尖閣諸島」が日米安全保障条約に含まれる、と初めて明記されたのだ。

安心してはいけない。

これは、名指しで明記しなければ「中国が状況認識を誤って、侵攻してくるかもしれない」というアメリカの危機感を示している。それほど事態は切迫しているのだ。

アメリカは「ロシアは目の前の脅威」と認めたが、中国のような全般的な力は持っていないと切って捨てた。それは、中国こそが「唯一の競争相手」——言いかえれば「真の敵」であり、中国による国際秩序に対する挑戦こそが、最も重大な危機だと言っているのと同じだ。

しかも「大国間の紛争リスクは高まっている」と、米中の対立が今後さらに激化すると警告した。いつ、どこで、「熱い戦争（ホット・ウォー）」になるか分からないと言っているのだ。

二三年二月に入ってすぐ、アメリカは中国の偵察用の気球がアメリカ本土の上空を飛行しているのを確認。バス三台分ほどの大きさだ。「気球をピンポイントで飛ばし、一定の地域にとどめて電波収集をするのはかなり難しい技術」だという。アメリカは「機密に関わる地域の上空を移動する深刻な領空侵犯」として、海上に出た時点で撃墜。国務長官の訪中も延期した。

気球は国際法上、航空機と同じ。理論的には中に生物兵器や化学兵器を入れて敵国上に飛ばすことも可能なのだから、無断で領空に入れば撃墜されても文句は言えない。中国の反論は笑える。「風に乗り不可抗力で領空に入った気象観測気球を武力で撃墜した野蛮な行為だ！」

——アメリカは、破片を回収。通信の傍受用アンテナが搭載されていることを確認。「情報収集用で衛星を補う目的だった」と断定したのだから。後にＡＢＣテレビは軍事基地の上を飛び情報をリアルタイムで中国本土に送っていたと報じた。

実はこの気球、世界の四〇ヵ国以上の領空を偵察していた。カナダのトルドー首相も撃墜。日本でも数回目撃されているが、撃墜しようなどと言った政治家は一人もいなかった。危機感のない日本では、情報は取り放題だったことだろう。

その後の中国の反応は実に面白い。

「山東半島沖で正体不明の飛行物体が発見され、撃墜の準備を進めている」と発表したのだ。

——自らも被害者だという必死のアピールだろう。が、西側諸国がこれをまともに受け取ると考えているとしたら、本当に習近平は他国の人間の考え方が読めない人だ。気球が目撃された国の人々は、領空侵犯を犯し情報を盗んできた中国に対し不快感と警戒感を募らせている。

世界の目は今、ウクライナに注がれている。

しかし今後、世界で最も危険な地域は、実は東アジアだ。

二二年一二月、アメリカの偵察機が南シナ海上空を飛行中、中国の戦闘機がわずか六メートルまで異常接近。偵察機は衝突回避の行動を取った。高速で飛ぶ戦闘機にとり、六メートルがどれほど危険な距離か想像してほしい。この一年で中国軍機が米軍機に近づいて起きた進路妨害などの回数は六倍以上に急増。

もっと気になるのは、日本やカナダ、オーストラリアへの進路妨害がさらに増えていること。小国ほど脅しに弱いと考えている可能性が高い。バカにするな、と言いたいが、偶発事故が、軍事衝突に繋《つな》がらない保証はない。

ミサイル発射を繰り返す北朝鮮。手負いの狼ロシア。彼らは常に隙を窺っている。

習近平に至っては太平洋をアメリカと分け合うつもりで軍拡を進める。中国は核戦力も急ピッチで増強している。核弾頭の数は一年で二割近く増えたと推計されている。核増強でロシアとの協力も疑われる。ブルームバーグ通信は、二二年九〜十二月にロシアが大量の高濃縮ウランを中国に輸出したと報じた。この情報は、露中の爆撃機が二三年六月、合同で日本海や東シナ海上空を飛行したニュースと合わせて考えると、ゾッとする。アメリカは「中国の核兵器はもはや防御の域を超えている」と分析している。

日本は、その真只中にいることを忘れないでほしい。

しかも、中国にとって、海洋大国を目指すには、北海道から沖縄へ長い領土を持つ日本が壁になる。日本は邪魔な位置にありすぎるのだ。いつか日本を、あるいは沖縄の島々を支配下に置きたいと考えているだろう。太平洋に自由に出入りするために。

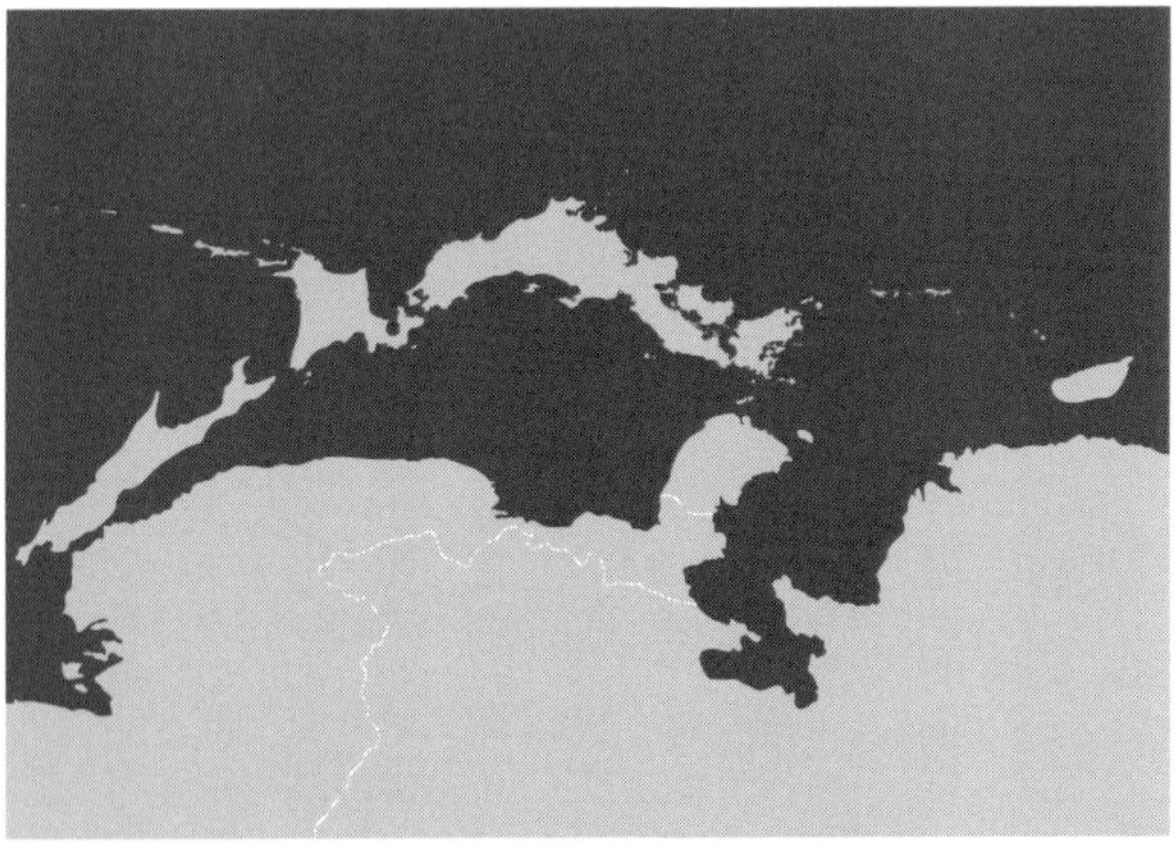
逆さ地図（参考：富山県制作「環日本海・東アジア諸国図」）

中国海警局の船や海軍の測量船は頻繁に日本の領海に侵入する。尖閣周辺だけではない。鹿児島県・屋久島周辺にも入ってきている。

海警局の船は重武装した軍艦でもある。他国の軍艦が日本の領海に入ってきて、尖閣を我がモノのように「警護」すると言う。

中国に「警護」される言われはない。日本の領土なのだから。

これは、もう、十分に異常な状況だ。

漁船も送る。漁民も送る。漁民に見せた兵員も送る。

少しずつ歩を進めるサラミ作戦だ。

千トン以上の中国の公船は今や一三〇隻以上。海上保安庁の巡視船の二倍を超える。海保の船は足りず、隊員は疲れ切っている。日本の漁船は危険を感じ、尖閣周辺に近づけない。

二三年一月、中国の空母「遼寧」は、ミサイル駆逐艦やフリゲート艦とともに、沖縄本島と宮古島の間を通り、太平洋に入った。しばらく沖縄本島の東に展開したのち、グアムまで南下。再び沖縄本島と宮古島の間を航海した。

この間、二週間。艦上の戦闘機やヘリは三二〇回、空母から離発着を繰り返した。

一体、何のために？

二二年一〇月の共産党大会で異例の三期目続投を決めた習近平。最高指導部の七人中六人が習近平派。政治局員二十四人中約七割が習派で、権力の集中は一層進んだ。自身に忠誠を誓うイエスマンばかりが、政権中枢を占める布陣だ。

軍の幹部には習の側近がずらりと並ぶ。中でも目を引くのは、台湾と向き合う福建省出身で台湾情勢を熟知する司令官が一足飛びに中央軍事委員に抜擢《ばってき》されたことだ。

習は党の規約に「台湾独立に断固として反対し抑え込む。武力行使の選択肢は捨てない」と書き、「祖国の完全統一は必ず実現しなければならず、実現できる」と、台湾統一に執念を見せた。五年前の党大会では「武力行使」の文字さえなかったことからすれば、大きな様変わりだ。『習一強』を見せつけられた周囲の国々では、警戒感が強まっている。

アメリカの情報機関は「習近平は、軍に対し、二〇二七年までに台湾侵攻能力を得るよう指示した」と分析している。二二年末には、ブリンケン国務長官が「中国が台湾の現状はもはや容認できないと考え、統一を早める決意を固めた」と発言。空軍の高官は「二五年に侵攻が起こると想定し、準備を急げ」と部下に指示。二三年六月、オースティン米国防長官は「台湾海峡で紛争が起きれば壊滅的だ」と危機感をあらわにした。これだけ具体的な発信を繰り返す裏には、何らかの情報の集積があるはずだ。ワグネルの反乱すら事前に摑《つか》んでいたアメリカだ。

英語に「Window of Oppotunity」という言葉がある——。

一瞬だけチャンスの扉が開くこと。

中国はこの二五年間、歴史上例がない速さで軍拡を続けてきた。しかも、軍事予算の三分の一が台湾奪還の準備に注ぎ込まれているという。人民解放軍は、ただ一つの目的のために根気強く準備してきたのだ。

米軍などの支援がないままなら、中国の長距離防空システムはいつでも台湾上空の航空機を撃墜できる。中国のミサイルと戦闘機は、台湾の空軍と海軍を一掃できるとさえ言われる。

一方、台湾は自身を「ヤマアラシ」に変えようとしている。身体中を針で覆い、他のものを寄せ付けない。移動式ミサイルランチャーや攻撃用ドローン、機雷で身を守り、あらゆる海岸に一時間で数万の兵士を送れる即応体制を敷き、都市部や山岳地帯でゲリラ戦を戦える一〇〇万の予備役を養成しつつある。

アメリカは、現役兵士約百人を駐留させ台湾軍の訓練を行い、ウクライナで活躍したドローン、スティンガー・ミサイルやハイマースの共同生産を検討。対戦車システムや戦艦を狙う対艦ミサイル「ハープーン」、空対空ミサイル「サイドワン」も売却する。売却以外に武器の譲渡や訓練の協力もできるよう法律を作り、台湾に政府職員を常駐させることも決めた。

しかし、どうしようもなく時間がたりない。

米軍の巡洋艦や潜水艦、長距離爆撃機の多くが退役を迫られている。新しい軍備が揃うのは二〇三〇年代初めと言われている。それまでの一〇年、中国は数百のミサイルや水陸両用艦、輸送艦を建造できる。つまり、今から約一〇年間、軍事的バランスが大きく中国に有利に働く「魔の時」、いや中国にとっては「チャンスの窓が開く時」なのだ。

果たして習近平が、このチャンスを見逃すだろうか?

二〇三〇年を過ぎれば、アメリカ軍の再建が整う。

中国包囲網もより強固になるだろう。

それればかりではない。今後、中国は「習近平の恐れる八つのD」として第十一章で紹介する、解決が難しく中国を急速に衰えさせるリスクと向き合わねばならないのだ。長期的に見れば、中国の衰退はほぼ確実にやってくる。

——ならば、この「時の運」にかけてみよう——

そう考える方がはるかに自然だ。たとえ、プーチンの失敗を見て心が揺れていても。彼が「自分はプーチンより優れている」と思えば、プーチンの失敗は避けられると考えるだろう。

●ほんの短い時間しか開かない「チャンスの窓」

●すでに見えつつある中国の衰退を招く八つのD

●世界中で広がる中国包囲網

あらゆる事実が、日本を取り巻く「脅威」が急速に大きくなっていることを指している。中国共産党大会で習近平が圧倒的な権力基盤を固めた今、何が起こってもおかしくない。四期目の続投への習の欲望は次の党大会が開かれる二七年に向け、さらに強くなる。台湾を併合できれば、習の野望「終身トップ」への道が大きく開ける。

万一できなければ――。時間が経つほどに、焦りも濃くなるだろう。

二七年まであと四年――その間、私たちは習近平を躊躇《ちゅうちょ》させ続けることができるだろうか。習近平がギャンブルに走るのを止められるだろうか。彼が「終身トップ」という野望を手放さざるをえないほど、中国との距離を広げることができるのだろうか。

これまで「中間線」は、中国と台湾の事実上の停戦ラインとなってきた。二二年八月以降、「中間線」を超えてきた中国の軍機はのべ五一三機。二日に一度のペースで超えてくる。異常な頻度だ。「中間線」をなし崩しにする「現状変更」の意図が透けて見える。

台湾は兵役の期間を延長し、主力戦車で中国軍の上陸を阻止する「実践的な防御訓練」を繰り返す。総力を結集し、ウクライナで目覚ましい働きをした軍用ドローンの開発・量産も急ピッチで進める。それでも中国の「武力による侵攻」に間に合うかどうかわからない。

中国が台湾統一を武力で行おうとするならば、台湾に近い与那国島、宮古島、石垣島など、日本の領土が戦火に巻き込まれる可能性は非常に高い。

日本は身を守ることを真剣に考え始めなければならない。

日本は、今、オーストラリアやイギリスとの「準同盟関係」を構築しつつある。フランスとは部隊の往来や共同訓練を行う。イタリアとも防衛人材交流や研究開発で絆を深める。NATOも含めさまざまな国との安全保障の連携を全力で深めようと動いているのだ。

一方の中国は、台湾に近い国々との関係改善を急いでいる。

まず、ASEANで最も強硬路線をとっているベトナムの最高指導者を中国に招いた。習をトップに最高指導部七人が揃って出迎えるという異例の歓待で「台湾との公式関係は発展させない」「国内に他国の軍事基地を作らせず、軍事同盟にも参加しない」と確約させた。

二三年一月には南シナ海の領有権で対立するフィリピンの大統領を招き、約三兆円の投資を約束。フィリピンの懐柔を試みている。

沖縄の米軍普天間基地や嘉手納基地から台湾北端までは約六三〇キロ。

ルソン島からなら、わずか三五〇キロしか離れていない。

台湾有事の際、弾薬や燃料補給などでフィリピンの基地を使用できるかどうかは、アメリカにとっても、中国にとっても勝敗を決める大きな分かれ目になる。

日本を戦場にしないための「戦い」は、もうとっくに始まっている。

習近平が権力を掌握した今、事態は風雲急を告げるものになりつつある。

台湾への武力侵攻はあるかないかの問題ではない。いつ起こるかだ。

侵攻が始まれば影響を受けるのは沖縄や鹿児島の住民ばかりではない。貿易のほとんどを海上交通に頼る日本。この海域を船が通れなくなれば物資の輸送は滞り、インフレも今と比べられないほどひどくなる。

日本全土にある自衛隊基地や米軍基地も攻撃対象となるかもしれない。

私たちは、何としても、習近平にプーチンと同じ間違いをさせてはならないのだ。

なぜか、こういうニュースは日本では報じられない。

「お茶の間の友」ＮＨＫは、そういうニュースを報じるのは夕食時の団欒《だんらん》に水をさすとでも考えているのだろうか。

しかし、私たちは知らないままでいいはずがない。

私たちの明日がかかっているのだから。

日本政府も動き出してはいるが、まだまだ足りない。遅すぎる。

中国を思いとどまらせるためにやらなければならないことは、山のようにある。

東アジアだけでみれば、中国の軍事力はアメリカを遥かに上回っている。米軍の推計で五倍～五・六倍。米軍内で繰り返されるシミュレーションでは、高い確率で米軍が負ける。


かつてオバマは習の「我々はグアムを無力化できるミサイルを持つ」という脅しに屈し、身動きが取れなくなった。しかし、今、私たちには信頼できる同盟国・準同盟国・友好国がある。ウクライナ戦争で明らかになったのは、今や、実弾より「情報」の方が戦況を大きく左右する、ということだ。また、多くの国の連携が大きな力となるということだ。

衛星網ではアメリカはいまだ圧倒的優位にあり、サイバーでは各国の協力を仰ぐこともできる、ウクライナのように。

間違っても習近平に「素早く動きさえすれば台湾を併合できる」と思わせてはいけない。

台湾や尖閣に手を出せば「痛い目を見る」とはっきりわかってもらわなければならない。

そうしなければ、ウクライナのように、日本が戦場になりかねない。

多くの専門家が、「今後五年から、一〇年が勝負だ」と言う。

コロナの感染爆発の後で、習近平はすぐには身動きが取れない。第二波、第三波が襲うケースもあるだろう。

その一、二年の間に、日本は、離島の防衛や、日本が遅れているサイバー防御能力などを高め、信頼できる国々との結束を強化し、万一何かあれば、すぐに協力して対処できる体制を作り上げなければならない。私たちに残されている時間は多くない。

冒頭に警句を引用させてもらったハル・ブランズ&マイケル・ベックリーは「非常に印象的な統計」として、「中国は二〇一四年から一八年の間に、イギリス、インド、スペイン、台湾、ドイツの全艦隊の合計よりも多くの艦船を進水させた」と書いている。

それは、アメリカや日本などの同盟国に対して仕掛ける**『短く鋭い戦争』**の準備だというのだ。

中国の軍事費は、一九九〇年から二〇二〇年の間に一〇倍も増加していると彼らはいう。今や、ロシアの軍事予算の四倍。『短く鋭い戦争』の最初のターゲットは台湾だ。

彼らは、**中国が危険なのはこれから伸びるからではなく、今、現秩序を破壊できる力を持ちながら、「時間は自分に味方してくれている」という確信を失いつつあるからだ**と主張する。

だから、習近平は、やがて中国が停滞し、衰退に向かう直前の今、**パワー・バランスが中国側に偏りつつあるこの一瞬の間にギャンブルに打って出る可能性がある**のだと。

――地政学的な大惨事は「野心」と「絶望」が交錯した時に発生するものだ――。

なんと、プーチンと、数年後の習近平に当てはまる警句だろう。

習近平が、第一一章に書いた八つのDの全てを克服することができるとは思えない。今後一〇年で格差を是正し、中国の人々を皆豊かにすることは不可能だ。

地球温暖化は止められず、人材流出を止めることも容易ではない。長年積み上げてきた土地バブルは崩壊寸前。若者が未来に希望を失った今、人口減少が止まるはずもない。

権力の頂点にいる習が見通す中国の五年後、一〇年後の未来は決して薔薇色ではない。それが、習を「危険な賭け」に駆り立てることがないよう、私たちは最善の努力をするしかない。

筆者は、線維筋痛症という病気と闘いながら、何としても日本を戦禍に巻き込みたくない、平和な日本を守りたいという思いからこの本を書いている。

そのために、どうすれば一番良いのかは、人それぞれの考え方があるだろう。

筆者は、四〇年間外務省で重責をこなし、中東局長、アメリカで言えば国務省の情報調査局（世界中の機微な情報を扱う）の局長にあたる「国際情報統括官」、イスラエル大使、ポーランド大使を務めた夫と共に生きたことで、大国、小国、何十という国の論理に接し、そこに生きる人々と触れ合い、心情を学ぶ貴重な機会を得た。

そして到達したのは、筆者が大学院の国際政治学で学んだ「理想主義」は、持ち続けるべき崇高なものではあるけれど、実際の国際政治は「冷徹で非情な『現実主義――リアリズム』によって動く」という残念な結論だ。力のない国は、利用され、搾取され、時に潰される。国民は不安の中で生きている。

ならば、日本を守るには、同じように、徹底した現実主義の考え方をするしかない。

思えば、ＴＢＳに入社し、国際関係のニュース担当になってからほぼ四〇年。

七つの国に住み、一一年間外国で暮らした。その間、ずっと「国」というのは、どういう論理で動き、どうすれば、日本を守れるか、日本をより幸せな国にできるのか考えてきた。

この本で紹介しているのは「現実に起こっている事実」と「できる限り正確なデータ」だ。ただ、中国やロシアのデータは、それ自体が信頼できるといえないことは皆さんも知る通り。しかし、そんなデータでも根気強く追えば、大きな時代の流れは読み取ることができる。

それらをもとに、報じられないニュースの裏で動いている国際情勢を見据え、自分達の平穏な生活を守るために、どう行動しなければいけないか、一緒に考えてほしい。

日本を戦場にしないために。

ある日突然、戦場の中にいる自分を発見しなくてすむように。

――それが筆者の切なる願いだ。

目次

II 迫り来る中国の脅威

この本の最終稿を送った直後の二三年六月二〇日、米の有力シンクタンク「外交評議会」は、「台湾有事への対処は日本の協力なしにはほぼ不可能」、「中国経済が減速するほど、有事のリスクが高まる」との衝撃的な報告書を出した。

●台湾有事に対処するためには沖縄県にある米軍の基地や戦闘機などの戦力を使えなければ、迅速かつ効果的に対処するのはほぼ不可能。

●在日米軍基地を使うには日本政府との事前協議が必要だが、ここで遅れが出れば、出るほど台湾防衛が難しくなる。

●中国経済が減速すれば、習近平は共産党の正統性（支配の根拠）をナショナリズムに頼り、台湾問題に焦点を当てやすくなる。習近平の三期目の任期満了の二七年が近づくほど、台湾をめぐる紛争のリスクは高まる。

——と言うのがその骨子で、侵攻より前に、中国による台湾への封鎖（物流を止める兵糧攻め）が行われる可能性が高く、台湾がそれを軍事的に突破しようとすれば、紛争につながる公算が大きい。そのため、日米、オーストラリア、フィリピン、韓国、台湾で「インド太平洋経済連合（IPEC）」を創設し、中国の経済的威圧に対して多国の協力で対抗すべき、と提言している。

これはこの本の中で書いてきたこととほぼ同じ軌道上にある。この本で筆者が主張してきたことが、突飛なことではない証として参考にしていただければ幸いだ。

I　ウクライナ戦争が教えてくれること

第一章　新しい戦争のカタチ

周囲が合理的でないと判断する攻撃も、実際には起こりうる
宇宙を制する者が世界を制す
『新冷戦』

日本にとって「真の脅威」は、間違いなく習近平の中国だ。

なぜ、そうなのか、どういう危険があるのかをみていく前に、目の前で起こっているウクライナ戦争が私たちに教えてくれることをみていこう。

周囲が合理的でないと判断する攻撃も、実際には起こりうる

ウクライナ戦争は「新冷戦」時代に入ってからの初めての「熱い戦争」だ。

何故、ロシアが突然、ウクライナに侵攻したか、すぐ答えられる人はいるだろうか。

多くの軍事専門家も、直前まで「侵攻はありえない」と分析していた。何故なら、今のロシアの軍事力、国力では、ウクライナに攻め入ることは理にかなわないからだ。

しかし、それは起こった――。「客観的に不利だから、起こりえないだろうと思われたこと」が、たった一人の独裁者の野望と誤算により、現実に起こってしまったのだ。アメリカのバイデン大統領だけは、早くから「プーチンは本気で軍事侵攻する」と予測し、発言し、準備をしていた。彼は、オバマの副大統領だった時から、この地域のことを詳しく見ていた人物だ。

しかし、多くの国は信じなかった。

プーチンが、合同軍事演習と見せかけてベラルーシやウクライナの国境付近に軍を集結させた時、バイデンは「侵攻は迫っている！」「プーチンはウクライナが先に攻撃してきたという

偽の動画を作りつつある」と世界に向けて公表した。同時に、アメリカのメディアに「ロシアは二月十六日にも侵攻する」と発信させた。彼の予測が正しかったことは、すぐに証明された。

これはインテリジェンス（情報）の異例の使い方だ。普通、機密情報は隠すものだ。情報源を隠すためにも。しかし、彼のこの情報操作が、実はこの戦争の行方を決定づけたと言っても良い。正確な情報を掴《つか》むこと。そして、情報は使うタイミングが全て。相手の性格を計算し尽くして使われたこの情報がいかに破壊的な影響を及ぼしたか。この種明かしは第四章で書く。


バイデンは「合理的でない」と周囲が考えることも、プーチンなら実行すると読んだ。プーチンの性格、最近の彼の状況、ウクライナの状況を見切った上で。ならば、周囲が「合理的でないから起こらない」と考えることが東アジアでは起こらないと誰が言えるだろう。

日本はロシア、中国、北朝鮮といった軍備増強を続ける国々に囲まれている。中国に至っては、他国への野心を隠そうともしない。合理的でないと私達が思っている侵攻、それは遠くない将来、アジアでも十分起こりうる。すでに領海侵入は日常の事になりつつあるあるではないか。

ウクライナ侵攻後、ロシア軍と中国軍が共同歩調をとって日本の接続水域やEEZに入り、自衛隊がスクランブル（緊急発進）をかける事態が頻繁に起こっている。まるで、日本の対応を試しているかのようだ。日本が対応を間違えれば何が起こるかわからない。

想像してほしい。――急襲され、何が起きているのか理解できないでいるうちにロシアに併合されてしまったクリミア半島と同じことが、もし、尖閣諸島や北海道で起こったら…。

「日本だけは、いつまでも平和で安全」――そんな夢のようなこと、ロシアのウクライナ侵攻を見た後で、どうして信じられるだろう。見たくなくとも火種は、そこら中にあるのだ。


「中国の台湾侵攻はあるかないかではない。いつ起こるかの問題だ」――それが専門家の一致した見方だ。二三年五月末、中国の空母や艦船、軍用機が台湾海峡を通過。これまで国境とされていた「中間線」無視は日常化している。

二二年（去年）一〇月の党大会で異例の三期目入りを決めた習近平。

最高指導部の七人中六人が習近平派。

まさに『習一強』。

軍の幹部には側近がずらりと並ぶ。台湾を熟知する福建省出身の司令官の飛び級の抜擢。

「台湾統一は、必ず実現しなければならず、実現できる」――習の決意が滲み出る。

彼には、何としても毛沢東に並ぶためのレガシーが必要なのだ。

終身、中国のトップの座に居座り続けるために。

台湾侵攻が起こった時、日本が巻き込まれないと考えるのは、あまりに楽観的すぎる。

中国は、尖閣は自国の一部、そして台湾の一部というキャンペーンを続けてきたのだから。

私たちは習が動くのを何としても阻止しなければならない。そして、万一最悪の事態が起こってしまったら、どう対処するか考え、今から準備しておかなければ手遅れになる。

新しい戦争のカタチ

ウクライナ戦争は私たちにハイテク時代の「新しい戦争のカタチ」を垣間見せてくれた。

●スターリンク——二〇〇〇基以上の通信衛星網

まず、ウクライナの強力な助っ人になっているのが、イーロン・マスク氏率いるスペースX社のスターリンクということだ。二〇〇〇基以上の小型衛星がリアルタイムで地上の様子を情報としてウクライナに提供している。ウクライナ国内には二万五千台のスターリンク端末があり、通信のみならず、病院から銀行まで、市民生活の基盤を支えてきた。

ウクライナ軍はこれを使い、ロシア兵の携帯に「投降せよ！」とのショートメッセージを一斉送信した。若い兵士たちの驚愕した顔が目に見えるようだ。自軍の通信はジャミングでうまくつながらない。物陰から飛んでくるミサイルで戦車が次々と爆破され同僚が死んでいく。恐怖ですくんでいる時に、そのメッセージをどんな思いで読んだろう。

米マクサー・テクノロジーズ社の衛星写真「ワールド・ビュー」はロシア軍の戦車や部隊の位置を細かく捉えウクライナに提供。NATOの偵察衛星からの軍事情報も同様だ。「情報という形の外部からの支援」がこれほど戦況に影響を与えた例はあったろうか？

旗艦「モスクワ」撃沈も、ドローンの操作にはスターリンクの通信網が使われた。衛星網の民生用と軍事用のデュアル・ユースは当たり前のものになった。

戦争ではいかに正確な「情報」を持っているかが大きく戦況を左右する。今やその情報の主な出所は宇宙の衛星だ。私たちはまさに「宇宙を制する者が、世界を制す」という時代に入りつつあるのだ。

●宇宙を制するものが世界を制す

ウクライナがロシアの一〇分の一の兵力で善戦しているのは、まさに「西側の宇宙からの支援」がロシアの予想をはるかに超えているからだ。宇宙には国境はない。宇宙の平和利用もうたわれている。しかし、各国が持つ衛星はその国の利益のために使われる。

ロシアと中国は二〇一八年までに「キラー衛星」開発に着手。キラー衛星とは、他国の衛星に接近して攻撃する衛星のこと。中国は衛星同士を近づける実験を繰り返している。

もし、中国が台湾侵攻を決意したなら、ロシアの失敗から学び、まず、日本とアメリカの衛星を破壊し、「目」と「耳」を奪うことを狙うだろう。

それは、多分こんなシナリオになる。

中国があらかじめ打ち上げておいた動きの遅いキラー衛星が、気づかれないよう、日・米の衛星にじわじわ近づく。ロボットアームを使って衛星を捉え、外科手術のような精緻さでゆっくりと機能を奪っていく。センサーを無力化するため、電磁波を照射するかもしれない。

地上からのレーザー攻撃もありうる。これなら短時間で多くの衛星を破壊できる。

なにしろ台湾侵攻の鍵は、速度なのだ。

「目」を奪われ日米が状況把握できなくなったのを確認し、大規模な地上攻撃が始まる――。

そんな事態を避けるためには、衛星を守る「ボディガード衛星」を大切な衛星の周りに配置しなければならない。小さな衛星が複数で守備を固めることになる。ボディガード衛星は、電波妨害装置などを装備する。守る側も攻める側も、高度な技術が必要になる。

このシナリオが夢物語でない証拠に、二〇二三年一月、日米の政府は「宇宙空間を対日防衛義務の対象とする」と決定した。アメリカは、安全保障条約に基づき日本の衛星などを防護する。他国から攻撃を受ければ日米が武力を持って対抗する姿勢を明確にし、抑止力を高めるのが目的だ。アメリカは一九年に「宇宙軍」を発足させた。日本も「航空宇宙自衛隊」を設置する。

現代の宇宙での競争は、映画のように宇宙船が互いをミサイル攻撃するような派手なものではないが、高度な技術と連携が必要になる。日米は多数の小型衛星を連動させ地上を観測する「宇宙コンステレーション」でも協力し、中国やロシア、北朝鮮が開発する「極超音速兵器」の探知や追尾に活用する計画だ。アメリカ主導で日本も参加する有人月面探査「アルテミス計画」も、中国の軍事開発に対抗するものだ。中国は既に、友人宇宙船の打ち上げに成功し、三〇年までに月面に宇宙飛行士を送り込む計画を始動。「宇宙強国」を目指している。

しかし、ウクライナ戦争で学びつつあるのは残念ながら私たちだけではない。

中国は、早急に一三〇〇〇個もの小さな衛星をスターリンクと同じ低い軌道に打ち上げ、スターリンクを追いこすことを狙う。軍が関わるこの計画のコード名は『GW』。中国衛星ネットワーク集団のエンジニアは「スターリンクの衛星の位置を把握し、機能を麻痺させる」ことも狙っていると答えた。（サウス・チャイナ・モーニング・ポスト）

一方、スペースX社は二七年までに現在の三五〇〇基に加え一二〇〇〇基の衛星を打ち上げる予定だ。その頃には低軌道に、四〇〇〇〇基もの衛星がひしめき合い、先述したような衛星同士の攻防が展開されることになりそうだ。

●「ウクライナ人よ、最悪の事態を覚悟せよ。そして恐れ慄け！」

ウクライナ戦争は二月二四日のロシア軍侵攻により始まったとされる。しかし、実際にはその遥《はる》か前、二二年の春ロシアはウクライナ政府などにハッキングし機密情報を集め、同時に「ワイパー」という悪意あるプログラムも潜り込ませた。それこそがこの戦争の真の始まりだった。

①二二年一月一三日、「ワイパー」始動。翌日には七十の政府機関のサイトが乗っ取り攻撃を受け、外務省などのサイトに「ウクライナ人よ、最悪の事態を覚悟せよ。そして、恐れ慄《おのの》け！」という脅迫文が浮かび上がった。ご丁寧に、ウクライナ語、ロシア語、ポーランド語で——。

日本だったなら、さしずめ「日本語、中国語、韓国語」というところだろうか。

②二月一五日、国防省や銀行をサーバーを麻痺させるための大規模なＤＤｏｓ攻撃が襲った。

③侵攻前日の二三日。政府と軍、航空、エネルギー、通信など官民の重要インフラほぼ全てが一斉に「ワイパー」による攻撃を受けた。

しかし、ウクライナ政府は機能を失わず、軍もほぼ正常にロシア軍を迎え撃った。

ここでロシアの指導部は大混乱に陥ったはずだ。ロシアのサイバー攻撃は世界最先端のはず——。二〇一四年のクリミア併合時も威力を発揮。世界はクリミアで何が起こっているのか把握できず、ウクライナ軍は指揮系統がダウン。なすすべもなくクリミアを明け渡した。

しかし、今回は真逆のことが起きた。ロシア軍の通信機能が麻痺。混乱に乗じてウクライナ軍が先手をとった。

なぜか?

ウクライナは一四年の失敗にこり「アクティブ・サイバー・ディフェンス(積極的サイバー防衛)」に舵を切っていたのだ。もともとロシア製の通信機が多かったウクライナでは、バックドアと呼ばれる「外部からの侵入路」があちこちにあった。これがアメリカにも被害をもたらしたことから、米政府やマイクロソフトがウクライナ支援に乗り出していた。

「ワイパー作動発覚から三時間で対処は終わった!」——高らかなマイクロソフトの勝利宣言だった。攻撃前からロシアの動向を監視していなければ無理な対応だ。二一年に仕掛けられたマルウエアの一部はすでに無力化されていた。

ロシア侵攻が始まると、ウクライナは急遽《きゅうきょ》法律を改正。政府の最重要データは外部の複数のクラウドへと移行させた。アマゾンの担当者は首都にミサイルが降り注ぐ中、スーツケース程の大きさの装置(スノーボール)に政府機関や銀行のシステムの中身を移して運び出し、アマゾン・WEB・サービスに移管させた。もし、ウクライナが一度目の失敗に懲《こ》りてサイバー防衛の方法を変えていなかったら、今回もまた軍も敗走していたかもしれない。

心配になるのは、日本はこのような対応が全くできていないということだ。

攻撃元の特定には経由したサーバーを遡る「逆侵入」や「探知」が必要だが、法律が壁になり行えない。米欧は、重大な攻撃やスパイ活動の意図があると分かれば、相手のシステムを機能不全にするなど「抑止措置」を取る。そのために相手のシステムに侵入することも、「防御」の一環として国際法上合法だとみなしている。しかし、「専守防衛」の金看板に縛られる日本は攻撃された後にしか動けない。それでは、今回のように、サイバー攻撃を一年前から仕掛け、必要な時に悪意あるプログラムを始動させるような攻撃には対処できない。

日本はすぐにも「アクティブ・サイバー・ディフェンス（積極的サイバー防衛）」を取り入れるべきだ。日本もようやくその方向に動き出しつつある。しかし、ロシアは軍直属の千人に加え、情報機関が使う組織に優秀な人材が集まる。中国のサイバー要因は一、七万五千人、といわれる。北朝鮮ですら七千人。それに比べ、現在自衛隊のサイバー部隊は八九〇人――。

不審なアクセスがあっても監視を続けることもできない。米欧から「日本はサイバーに関してはマイナーリーグの、さらに一番下だ」と揶揄《やゆ》されても仕方がない。日本はまさに「サイバー不毛地帯」なのだ。――と、潔く諦《あきら》めていては国の将来が危うい。

ここはしぶとく、法律を柔軟にし米欧に協力を仰ぎ、人材育成、ノウハウの吸収に全力をあげるしかない。さもなければ、民間のビジネスにも、国としての将来にも、展望はないのだから。

●「ロシア兵を見つけた！　戦車二台が西に向かっている！」

ウクライナ軍に国民からスマホで情報が届く。軍はスマホの位置をＧＰＳで割り出し、住民を避難させ、攻撃部隊を送り込む。写真も送られるため、どの程度の武器が必要かすぐに判断できる。

なぜ、そんなことができるかというと、ウクライナが普段から電子政府アプリ「Ｄｉｉａ」を使っていて、ロシア侵攻と同時に戦時体制用の「通報機能」を加えたからだ。つまり、ウクライナでは国民一人一人が、ウクライナ軍のための目となり耳となり、敵と戦っているのだ。

一方で、日本の地方政府がファックスで情報交換をしているのを見ると、目が点になる。電子政府アプリなど夢のまた夢。本当に日本は「ガラパゴス」なのかと問いたくなる。毎日のように報道されるマイナカード、デジタル庁のミスには呆れるのを通り越して怒りすら覚える。大臣にも官庁にも危機感がなさ過ぎる。まるで他人事。人任せ。仕事を丸投げするな。人の上に立つ以上、わからないならわからないなりに、必死で勉強し、最善を尽くせと言いたい。

自衛隊はＷｉ－Ｆｉすら使うことができず、５Ｇの整備も進んでいない。せっかく外国製の高性能のドローンを買っても、機能を落として使っている。なんと馬鹿馬鹿しい話か。

慶應大学の古谷教授は「今の日本では、ウクライナで使われている技術は再現できない。宇宙、サイバー電磁波は、ＡＩやドローンを使う現代戦では不可欠なインフラなのに、その基盤がないからだ」と言う。ウクライナはヨーロッパでは最貧国の一つだ。

「今の日本はそんな国にも劣るのだ」と言うことを自覚しなければ、私たちは前に進めない。

——ＩＴ人材は世界の英雄。端末をＯＮにして戦争にノーと言おう!!——。ウクライナのデジタル大臣が呼びかけると一ヶ月で三〇万人以上が賛同。ベースとなるＧｉｔＨｕｂには世界の開発者九四〇〇万人が集まった。彼らはロシアへのハッキングを繰り返し、ウクライナにロシア軍の情報を提供。

アメリカは政府と民間が連携してウクライナを支える。前方に展開する米軍部隊がサイバー攻撃を探知すると、民間企業やＮＧＯ組織が対策を練り、すぐにシステムを補強する。

日本では、こんなことすら難しい。民間に優秀な人材がいても、「セキュリティー・クリアランス制度（機密情報を扱えると認定する制度）」がないから協力を頼めない。この制度には身上調査や思想調査が必要だ。「プライバシー侵害！」と政府を非難することに情熱を燃やす野党ばかりのこの国でこの制度を作るのは、猫にトリュフを探させるのと同じくらい難しそうだ。

ウクライナ戦争が教えてくれた教訓は「今や戦争の八割ほどが、実弾以外のもので決する」ということだ。——通信インフラ、サイバー、情報収集力とその正確な分析、兵士の士気、法律の柔軟な運用、国民一人一人の参加意識——日本には足りないものばかりだ。

自衛隊が二七年までに四千人に増やす予定のサイバー専門部門は、電力や金融などの民間企業や防衛企業などをサイバー攻撃から守る役割も担う。一刻も早く官と民がスムーズに協力できるシステムを作らなければ。攻撃元のシステムに反撃し無力化できる法律の整備も必要だ。

ウクライナは侵攻より一年前にサイバー攻撃を受けた。その教訓は生かさなければ。時代は移り、技術も進化している現代に、古い法律に固執し国や重要インフラを危険に晒《さら》すことは無意味だ。最初の攻撃で致命傷を負ってからでは遅すぎる。ネットワークの脆弱性《ぜいじゃくせい》の分析などは、民間企業の方がはるかに能力を持つ。国が「民」の力を取り込める制度の改正も急務だ。

ちなみにロシアのサイバー攻撃に晒されたウクライナを守るために世界中から善意のハッカーたちがボランティアをしていた時、唯一、ウクライナにハッカー攻撃を仕掛けた国がある。中国だ。

ウクライナ政府が発表し、英紙タイムズもロシア軍侵攻直前に中国がウクライナ軍にサイバー攻撃を仕掛けた疑いを報じた。テンセントやバイトダンスはロシア政府のフェイクニュースを拡散した。やれやれ、私たちはなんとも厄介なお隣さんを持っている。

●核を持つ国への対抗手段

また、今回、核を持つ国が戦争を始めた際に、いかに対処が難しいかを世界は目の当たりにした。ロシアに対し、バイデン大統領は早々に「アメリカは参戦しない」と断言した。核を持つ大国同士が戦うことになれば、第三次世界大戦へもエスカレートしかねないからだ。

一方、プーチンはことあるごとに核を使う可能性を仄《ほの》めかし西側を牽制してきた。――万一、中国や北朝鮮がこれを見て「核さえ持っていれば、アメリカは参戦しない」と考えるようになったら、とても危険だ。プーチンは「先制不使用（自分から先には使わない）」などと甘いことは言わない。「ロシアの存亡の危機に関わる事態になれば、躊躇《ちゅうちょ》なく核を使う」と発言し、核ミサイルを使う演習までしてみせた。戦況が悪化するほど、プーチンが核を使う可能性は高まる。プーチンは既にベラルーシに核兵器を運び入れ始めたと語っている。

プーチンはハッタリが大好きだが、たまに、実行してしまう人物だから始末が悪い。

一方、アメリカは、わざわざアラビア海にいる原子力潜水艦から場所を明かしてツイートしてみせた。「我々は、準備万端だ！」――通常、敵に最も壊滅的な打撃を与えることのできる原子力潜水艦の位置は機密事項だ。しかも、この艦からは核ミサイルも発射可能なのだ。

その位置を明かしたのはなぜか？

「アラビア海にいる」と言う点が重要なのだ。そこからなら、モスクワも、ロシアにドローンを供与したイランも射程に入る。どう見てもプーチンとイランへの恫喝だ。

いやはや、この位の脅しで核を使うことを思いとどまってくれるような理性を持つ相手なら良いのだが…。プーチンの目的は核を使い、あるいは使うと言って脅し、自国に有利な停戦に持ちこむことだ。しかし、その手にのれば、他の独裁者が味をしめる。

元CIA長官は、万一プーチンがウクライナで核を使った場合、「仮の話だが、我々はNATOを率いて集団的に対応し、ウクライナやクリミアの戦場で確認できるロシアの全ての軍や黒海の全ての艦隊を殲滅する」とテレビで発言。これは「ロシアの核に核では応じない。しかし、ロシアはこれまでの代理戦争ではなく、直接NATO軍と戦う羽目になる」と言っているに等しい。

今でさえ、ウクライナ軍の三倍の被害を出していると言われるプーチンにとっては、かなり厳しい発言だ。ロシアはすでに二十人を超える将軍を失っているとされる。この数字は異常に多く、中国やイランをすら慄《おのの》かせているという。通常なら、これ以上踏み込まない。

しかし、それでも「狂気の皇帝」が何をするかわからないところにこの戦争の怖さがある。

そして、それは国内情勢が悪化して追い詰められた時、もう一人の皇帝・習近平も陥るかもしれない「破滅への招待状」なのだ。負けて自身が権力の座から失墜するくらいなら、国民が大きな犠牲を払う手段も厭《いと》わない。それが、権力を一人の人間が握る国の恐ろしさだ。

松田康博東大教授は「中国は今、猛烈な勢いで核軍拡をしている。二〇三〇年から三五年までは、一〇〇〇～一五〇〇発の核弾頭が使えるようになる。そうなれば、アメリカは手を出しにくくなる」として、「台湾有事は、中国にとって条件が揃った時だ」と言う。「条件が揃ったかどうか」の判断を下すのは、習近平ただ一人。今、習が決めたことに反対できる人間はいない。プーチンの周りが誰一人、彼の誤算を止められなかったように。

『新冷戦』

ここで視野を広げて、日本を含めた世界全体がこの数十年、どう動いてきたか見ておこう。「東西冷戦」は、ソ連の崩壊をもって終わった。冷戦終結後、世界はアメリカやEUを軸として「パックス・アメリカーナ（アメリカによる平和）」と呼ばれる比較的安定した状況にあった。しかし、私たちが気づかないうちに、世界は着実に次のステージへと進んでいたのだ。

今、世界は大きく分けて「自由主義・民主主義陣営」と「強権主義・独裁主義陣営」に分かれて「新冷戦」と言える状態にある。ウクライナ戦争は最も「熱い戦争」だが、水面化での熾烈な勢力争い、目に見えないサイバー戦争、宇宙での競争は毎日続いている。

「自由主義・民主主義陣営」の国々は、程度の差はあれ、「自由」、「人権」、「民主主義」「法の支配」を重んじる国だ。もちろん日本はその重要な一員であり、アメリカやイギリス、フランス、ドイツ、オーストラリア、北欧諸国などがその柱だ。

「権威主義・独裁主義陣営」というのは、独裁的な政権が長く続く国々で、言論の自由や政府に対する反対は抑圧され、「人権」も多くの場合、無視される。代表的なのは、ロシアや中国、北朝鮮、イランなどの独裁的国家だ。残念ながら親日国トルコもこちら側に入る。トルコでは、エルドアン大統領が二三年六月の選挙を制し、二八年までの任期を決めた。独裁は既に二十年以上続いている。

ウクライナ侵略報道でみられるように、この二つのグループの対立では「**武力による現状の変更は認めない**」という重要なキーワードが頻繁に出てくる。

これは、国際法違反であり、まさにこの点において「二つの陣営の対立」=「新冷戦」は、遠いヨーロッパのウクライナにとどまらず、日本を含めた世界全体の共通の問題となるのだ。

プーチンは隣国ウクライナに侵攻したが、東アジアでは、台湾、尖閣、南シナ海が「武力による現状変更」の対象になる可能性が高い。それは、「パックス・アメリカーナ」の安定の根幹を揺るがし、日本の国土をも脅かしかねない。

二三年四月のG7外相会合は「中国による東・南シナ海での一方的な現状変更の試み」に「深刻な懸念」を持ち「強く反対する」と共同声明で初めて強調し、「台湾海峡の平和と安全の重要性」

も改めて表明した。欧州の国が半数以上を占めるG7がここまではっきりと中国抑止の姿勢を明らかにしたのは初めてのことだ。

中国は烈火の如く怒った。当然だ。ウクライナの善戦を支えている主要国が一致して武力による台湾併合に反対を表明したのだから。この一年、日本がG7の議長国。さい先の良いスタートだった。広島サミットでも「法の支配」とレアアースを止めるなどの「経済的威圧」への対抗策として中国への依存を減らしたサプライチェーン作りの協力が決まり、G7宣言には「台湾海峡の平和と安定は国際社会の安全と繁栄に必要不可欠」とはっきり書き込まれた。

ロシアの挑戦

最初にアメリカの権威に挑戦したのは、ロシアだ。

二〇〇八年、ロシアはジョージアに侵攻。この時、NATOは、大きな反応を示さなかった。

二〇一四年には、クリミア半島を急襲した。顔をグリーンに塗り、本当の所属を隠した兵士(ワグネルの隊員を含むロシア特殊作戦部隊だったが、当時は、グリーンマンと呼ばれていた)が、クリミアに現れ、あっという間に制圧。ロシアに併合した。しかし、アメリカもEUも経済制裁でお茶を濁し、**軍事行動はとらなかった**。このことが二二年のウクライナ侵攻を招くと予想した主要国はなかった。

中国の台頭

アジアでは中国が目覚ましい台頭を遂げていた。二〇一〇年、中国は日本を抜き世界第二の経済大国となった。二〇一六年には日本のGDPの二・三倍を記録。メルケル首相は「G7のアジア代表は日本ではなくて、中国であるべきじゃないの?」とまで発言。

現在の中国は、八九年以降、年率二桁を超える軍事費の増大を続け、軍事的にもアメリカを急追。三隻目の空母を進水させ、巡洋艦もかなりの規模のものを八隻揃えた。すでに海洋軍事大国として、アジア太平洋におけるアメリカの優位を脅かし始めているのだ。

アメリカのトランプ前大統領は、評価が分かれる人物だが、私は二つの点で大きな貢献をしたと考えている。一つは中国の、いわゆる「一つの中国」論に堂々と疑問を投げかけたこと。

「一つの中国? 俺はそんなものは知らない。中国が勝手に言っていることだろう」

これは、確かに中国が勝手に言い出したものだが、長年、外交では扱うのがタブーとされてきたものだ。中国の機嫌を損ねることを恐れて、どの国もこの問題を曖昧《あいまい》にしてきた。

トランプがそんな大胆な態度を取らなければ、アメリカ国務省も、ましてや弱腰で鳴る日本の外務省も、今のように中国を批判するのははるかに遅れていただろう。中国は、それほどまでに世界の工場として、またマーケットとして欠かせない存在となっていたのだ。

もう一つは、同様に、「アメリカの覇権を脅かす最大の競争相手だ」として、中国を徹底的に押さえ込もうとしたことだ。米中貿易戦争は記憶に新しいだろう。アメリカ・ファースト主義のトランプ前大統領にとって、中国こそが経済的にも、技術的にも、アメリカを押し退けて、世界の覇権を奪いかねない競争相手（彼にとってはまさに〝敵〟）として映ったのだ。

それから、「中国の『一帯一路構想』は、経済支援インフラ支援を通じて他国への影響力を増そうとするものである」という反対キャンペーンが始まった。

事実、中国は六〇を超える国にインフラ支援を持ちかけ、多額の借金を相手国に負わせ、返せないと見るや、重要な街や港を自国の管理下に置いた。とても返せないほど多額の借金を言葉巧みに背負わせ、プロジェクトが始まると、中国人が大量に現地に入り込み、工事にかかる。地元に雇用が生まれることもなく、中国人を守るという名目で中国の警察や軍が駐留する、植民地のような状況も生まれた。日・米のキャンペーンのおかげでようやく今、世界の多くの国々がこの「一帯一路」という中国の『債務の罠』に警戒感を持ち始めた。

先に述べたように、台湾を武力で併合しようという動きも活発化。

バイデン大統領は日本を訪れた際「中国が台湾を攻めたら、アメリカは軍事介入するか」という記者の質問に「イエス」と答えた。大統領はその後も「軍事介入の意思」を明確に示した。

国務省は「曖昧《あいまい》路線に変わりはない」としているが、アメリカが台湾を守ろうと本気で考えているのは、間違いないだろう。議会は大統領よりこの問題に積極的だ。

また、もし次の大統領選挙でバイデン大統領が負けても、まだ共和党で力をもつトランプ氏、ペンス前副大統領、トランプのスタイルを真似たデサントス・フロリダ州知事が次の大統領になる可能性が高い。彼は「賢いトランプ」と呼ばれている。（それはもうトランプではないような…気もするが（苦笑））いずれも、中国の台湾侵攻を黙って見ているとは考えにくい。

トランプ前大統領は、二〇一七年、習近平国家主席を自分の別荘に招いて夕食をとりながら、「たった今、シリアに、トマホークミサイルを打ち込んだんだ。毒ガスを使うなんて、人権上許せないからね」と耳打ちした人物だ。

不意をつかれた習は一〇秒間絶句。通訳に「もう一度言ってほしい」と聞き直した後「ミサイルの数は？」と聞いた。トランプがさりげなく「五九基」と答えると再び絶句。（もちろんトランプは習の驚愕した顔を見て、腹の中でほくそ笑んでいたに違いない）

「五九基？」と聞き返した後、盟友なので擁護すべきシリアについて「子供にガスを使ったのなら、アメリカの対応は当然です」とアメリカの攻撃を容認する失言をしてしまった。その後、習はデザートを食べるのもそこそこに、大慌てで宿泊先のホテルに帰り、事実確認とその後の対応について、側近たちと頭をつきあわせて協議することになる。

一方のトランプは、その間「(習主席と) これまでにないほど美味しいチョコレートケーキを食べている」だの「米中首脳会談はとても順調だ」とツイート。なんとも、人を喰った人物だ。

実はトマホークを打ち込んだシリアの空軍基地はロシアも使用しているものだった。この攻撃が、ロシアへの牽制《けんせい》の意味も含んでいたことも、また、ちょうどデザートの時間に第一報が伝えられるよう時間を調整して攻撃させたことも、トランプはおくびにも出さなかった。


このやり取りから見ても、習近平氏は、どうやら、突発の事態にはなかなか対応できない人物らしいと窺える。党内の権力闘争では圧倒的な力を発揮するが、頭の中は中国共産党内の論理一色で、西側世界の論理を全く理解できていない。だから、時々呆れ帰ってしまうような発言や行動をする。西側世界の人間は共産党内の力関係では動かないのだから、彼の発言になんでも「御意!」と反応したりしない。そこが、どうしてもわからない。

二三年初め、ゼロコロナ政策をやめた中国では感染爆発が起きた。

「北京で七〇%が感染している」、「多くの死者が出ている」、という情報が出ているときに「中国は政策転換したから開国する。中国人の入国規制をする日本と韓国はけしからん」と言って「**報復として、**両国の人間にビザを発給しない」――と決定した。

中国国内で感染が広まっているのが確実で、情報は全く信頼できず、かつ直前の一週間に日本に入国しようとした中国人の八%、四百八人がコロナ陽性だった以上、日本や韓国が入国制限を行うのは当たり前だ。にもかかわらず「中国人をターゲットにした差別だ」と言ってしまうこと自体に呆れるが、いまだ、韓国や日本を「脅せばなんとでもなる」と考えていることが私たちへの侮辱であり、その国との関係改善にはマイナスだとなぜ、理解できないのか。筆者にはそれこそ謎だ。

しかも、自国民が中国に帰ってくる時はPCR検査の陰性証明書を持っていなければ飛行機に乗ることも許さないと言う厳しい水際対策を行なっているのだ。この矛盾にも気づかない。

また、中国は二二年一月に、東京を含む世界三〇都市に『在外派出所』を設置したと高らかに宣言した。しかし、国際的人権団体「セーフガード・ディフェンダーズ」が公表した『在外派出所』なるものの活動報告が明らかになると、オランダ政府は、首都アムステルダムとロッテルダムにある派出所を違法と判断。閉鎖を命じた。アイルランドも同様だ。当初中国はこの派出所が「情報収集や同胞間の紛争解決・外事警察業務」を行うとしていた。が、批判が出ると一転、「現地に住む同胞がボランティアで働いている。彼らは警察官ではない」と言い訳。

在外派出所は中国が海外に置く「秘密警察」だ――韓国では、「中国公安の指示で反体制派中国人の監視や強制送還している」とメディアが報じた。中国がスパイ活動によって韓国の反日感情をあおり、日韓対立を促しているとの警戒も高まった。この「在外派出所」は二二年、海外に五四あるという。最終目的は各国に親中政権を作る世論工作とされ、カナダでは中国に敵対的だった候補を落選させるキャンペーンも行ったと報じられた。イエール大学のルドルフ特別研究員は「中国は国内法を国外にも適用したいという野心を持っていて、派出所はその足がかり」と言う。国外に逃げた、中国政府が犯罪者と認定した人間がすでに「二〇万人以上、帰国の説得に応じた」と言うが、「説得」とは本人や家族に対する脅迫だ。

大体、他の国に自国の警察署を作ろうという発想自体が非常識だ。他国で自国の警察権を無理に行使すると言うことは、その国の主権を犯す「主権侵害」なのだから。

例えば、香港国家安全維持法では、香港の独立を支持すれば、どこの誰でも『犯罪者』と見《み》做《な》される。たとえそれが、ネットでの小さなつぶやきであっても。しかし、人権を重視する国にとっては彼らは犯罪者では無い。逮捕などありえない。

ウイグルなどの人権問題に関しては「内政干渉するな!!」と言い続けるこの習近平というお人は、どうやら、中国が他の国の内政に干渉することには全く問題を感じないらしい。——困った御仁だ。

二三年四月ＦＢＩはニューヨークで「警察署」を運営していた二人を逮捕。アメリカに住む反体制派の中国人を監視するなど「中国政府がアメリカの主権を露骨に侵害した」と連邦検事が声明を出した。日本にも二つあるというが、さてさて、日本政府はどう対処することやら。「貧しい国は札束で従わせ、従わない国は力で威圧する」――こんな外交姿勢と、習の「中国こそ世界の中心であるべき」という『中華思想』が、西側が「異質な中国」と警戒する原因だと、客観的にモノを考えることができない習には、どうしても理解できないらしい。

世界で進む軍拡

非常に残念なことに、すでに世界のあらゆる地域で軍備拡大が起こっている。

二〇二二年、世界の軍事費は二・六%増え二六〇兆円となった。理由はウクライナ戦争と中国の覇権主義への警戒感だ。日本も例外ではないが、筆者はこれは必要なことと考えている。日本ほどの経済大国が、自国を守る軍備を持たないというのは、理にかなっていない。

これまではアメリカとの同盟に寄りかかってきたが、アメリカにはもう日本の防衛を全面的に背負う余裕はない。アメリカの国防費は一人当たり約二二万円。少ないと非難を受けているドイツですら八万円。日本は約四万円だ。「そろそろ戦後のモラトリウムから卒業してほしい」というのがアメリカの本音だ。

ならば、敵に攻撃する気を失わせるに十分な抑止力を持つべきだ。一国では無理でも民主主義や自由、人権という価値観を共にする国と協力し合えばできる。「戦わずして勝つ」、すなわち相手に「戦っても勝てる気にさせない」のが理想的なのだ。

本当の「力」とはそういうふうに使われるべきものだと思う。

「平和憲法」を堅持してさえいれば、キム・ジョンウンも習近平も、ルールを守って、日本を攻めてこないと考えるなら、国際社会の現実を直視しない愚かなことだ。ロシアが侵攻した二月二四日以降の四ヶ月間、ロシア軍と中国軍が連動して日本列島を周回するなど、日本周辺での軍事行動が二・五倍に増えた。ただの示威行動ならよいが、両国とも「隙あらば」と考えていることは間違いない。

隙を見せてはいけない。日本が戦わないためにこそ「現実的に考えるリアリストである独裁者たち」に「攻めても無理だな」と実感してもらう必要がある。間違っても、今回のプーチンのように、野望に目がくらんで誤算を招くことのないように、はっきりと。

そのためにも信頼できる国々との、より太い絆作りが欠かせない。

国際政治は、残念ながら理想論や義理人情で動いているわけではない。

味方となる国にも「日本を失ったら、大きな損失だ」と実感してもらわなければならない。

今、どちらにもつかず、両方から利益だけを引き出そうとする国々が、大忙しでうごめいている。彼らをも、西側陣営についた方が得だと説得し、味方に引き入れなければならない。

対立が引き起こす経済への影響

対立はあっても、経済的にはパイプを繋いだままでいたいと考える経済人は多い。実際、ここまでグローバル化した経済を分断すれば大きな損害が出る。

しかし、ロシアと「民主主義・自由主義陣営」の国々との経済的交流は急速に細くなっている。現金収入を得る手段を石油やガスの輸出に頼っていたロシアはEUの石油輸入禁止措置などにより外貨（主にドル）が不足し、外貨建て国債が六月、事実上のデフォルトに陥った。

EUはロシアの石油の輸入を九割止め、年間一〇兆円の支払いを断った。天然ガスの輸入も量的には六割以下に減らしている。日本やEUは贅沢品や先端技術を使ったロシアへの輸出を減らし、アメリカは半導体やハイテク製品の輸出を事実上禁じた。

トヨタ、日産自動車やメルセデス・ベンツ、IKEAなど一〇〇〇社以上がロシアから撤退した。一方、中国のアリババやテンセントなど二〇〇社以上がロシアで事業を続ける。中国のロシアへの輸出・輸入は急拡大し過去最高を記録。特に半導体輸出が増えアメリカの警戒を煽《あお》っている。中国は割安になったロシア産原油も大量に買い入れ、戦費を賄《まかな》っているのだ。

「権威主義・独裁主義」陣営のもう一つの大国、中国はロシアよりはるかにグローバル経済に組み込まれている。とはいえ米中対立は刻々と悪化しており「チャイナ・リスク」は日本企業の頭痛の種。完全なデカップリングにはならないと思うが、日本企業も中国からの脱出や軸足の移動を検討しはじめている。コロナの出口政策に失敗し、いつ第二波、第三波の感染が起こるか分からない。工場の閉鎖や物流の混乱――サプライチェーンに組み込み続けるリスクは高い。厳しくなったスパイ法を使って駐在員を拘束される危険もある。

日本は一時レアアースの輸出を止められたが、供給基地を他に求め、なんとか乗り越えることができた。今後も、似たようなこと――気に入らない国への制裁としてレアアースやレアメタルの輸出入を制限する事態が起こりうることを覚悟しておくべきだ。そのためにも友好国の連携が必要になってくる。足りないモノを即座に供給し合えるよう。また、レアメタルは国同士で融通しあい、リサイクルのチェーンも作りあげておきたい。

米中が近い将来、真の友好関係を築く可能性は限りなく低いことを経営者は理解しておく必要がある。いつ、どちらから、踏み絵を踏まされるか分からないのだから。

弱っているからこその中国のリスク

中国は今弱っている。

二二年一〇月から十二月の輸出はマイナス七％という急ブレーキ。輸出減少は三ヶ月連続だ。二二年のGDPは、政府予測の目標の五・五％前後を大きく下回り、三・〇％。消費も低迷している。人口減少が明らかになって、一〇年後には働き手が約九％減る。

目の前のゼロ・コロナ政策からの転換は完全に失敗。中国疾病予防センターの呉尊友氏は「二三年一月二一日、中国全体の感染者は約八〇％」とSNSに投稿。一一億三〇〇〇万人が感染したことを認めた。他国のことながら、この数字の大きさには頭がくらくらする。

北京の精華大学研究者によれば「ゴミ収集者も、宅配業者も感染しているので、街にはゴミがあふれ、宅配もなかなか届かない」と言う状況だと言う。地方の医療はさらに脆弱で八〇〜九〇％の国民が感染している可能性も指摘された。

英医療調査会社エアフィニティは、二二年一二月以降の累計死者数は三二万人を超え、四月末までに一七〇万人に上ると見ている。地方政府の発表がこれを裏付ける。河南省は九日、省内の感染率が八九％と公表した。浙江省政府は、省内の一日あたりの感染者は一月一日前後にピークを迎え、二〇〇万人に及ぶとの予測を公表した。自分の国がこんな状況になったらと、背筋が凍る。

中国は一二月七日に習近平の「鶴の一声」でゼロコロナ政策を緩和したが、中央政府の内部すら混乱。地方の役人は何をすべきかわからないまま放置された。

こんな決定は民主主義国ではありえない――。一〇〇万人規模の死者が出ることを知りながら、何の予告も対応策もないまま、たった一人の独裁者の決断で重大な政策がひっくり返ったのだ。医療体制など一瞬で崩壊した。

ＷＨＯは、緩和のかなり前から感染拡大が進行していたと分析。つまり、これまでの方法で対処できなくなった途端、全く準備を行うことなくいきなり政策を『放棄』したという訳だ。

この三年間、ＰＣＲ検査だけは行われ国民の生活を不自由にし続けたが、医療インフラの整備は行われず、国産の効き目のないワクチンにこだわり、リスクが高い高齢者二億六七〇〇万人の三二％が十分な予防接種を受けていない。中国は高齢者の人口が世界一多いというのに。

結果は悲惨なものだった。老人ホームで集団感染が発生し、一家全員が感染する感染爆発を招いた。火葬場には遺体を運び込む車の列、列、列…。

しかし、大金持ちたちはマカオにいき、海外からのワクチンを打っていた。もちろん共産党の幹部がそれをしていないはずがない。中国では大金持ちであるか、共産党幹部とのコネがあるかで、命のボーダーラインが引かれたのだ。

二二年一一月の「白紙運動」は、国民の七〇％近くが感染する中、一旦影を潜めた。

（ところで、ゼロコロナ政策を批判した運動の中に、一風変わった人々がいた。

彼らはアルパカを引き連れて街を歩き回ったのだ。役人は意味がわからないから止めることもしない。彼らは困惑する役人を尻目に悠然と街を歩き回った。

なんと、「アルパカ」の中国語の発音が、英語の「Fuck Your Mother（くそったれ）とほぼ同じ。つまり、習近平に対する最大限の罵倒だったというのだ。中国語も英語もできる人々が考えだしたなんともウイットにとんだユーモラスな抗議。感動してしまう！　習は後で内容を聞かされて、きっと地団駄をふんだことだろう。床が抜けなかったらよいのだけれど。）

不動産不況や、米欧の景気後退、アメリカとの関係悪化を考えれば、中国の経済が急速に回復に向かうとは考えにくい。どれほど習が「ゼロコロナ政策は成功だった」と言おうが、国民は納得するだろうか。一〇〇万人以上の死者の中には必ず、近親者や親しい友人も含まれる。親しい人を失い、自身が感染し苦しんでいても、治療を受けることも、解熱剤を買うこともできず、ほとんど放置されていたに等しい経験をした国民の怒りはどこに向かうのか。しかも二三年六月の段階で第二波の徴候は既に出ている。集団免疫は万能ではないのだ。

国内のコントロールができなくなったなら「限定的」な戦争状態を作り出し、経済統制を敷き国をまとめる。その大義名分として「祖国の完全な統一」以上のものがあるだろうか。

中国とロシアの関係

ロシアは前の冷戦までは中国より強大だったが、今や国力は衰え、立場は逆転した。プーチ

習近平とプーチン
（写真提供：GPF ― Geopolitical Futures）

ンが焦っているのは、世界が米中の両極に分かれ、ロシアが国際関係の表舞台から取り残されるのではという不安があるからだ。

ロシアと中国は、今は「自由主義・民主主義陣営」と対抗するため共同歩調をとったりしているが、本当の信頼関係があるわけではない。それどころか、互いに不信感を持っている。

ロシアは中国と四三〇〇キロという長い国境線を挟んでいるが、東北部には中国人が移住。我が物顔で商売をしている。プーチンはずっと、膨れ上がる中国人がロシアの内側を侵食することを警戒してきた。また、ロシアの属国のような国々に中国が触手を伸ばしているのも気に食わない。中国はベラルーシに二五〇〇億円出して、サッカースタジアムや世界選手権が行えるほどのプールを作った。ウクライナにも首都キーウのインフラ整備や高速道路、穀物輸出基地建設の計画を持ちかけている。中央アジアで中国の影響力が増しているのも腹だたしい。

将来が期待される北極海ルートの交易や資源に中国が興味津々すぎるのは心配だ。特に、習近平の「氷上シルクロード構想」はプーチンの警戒心を逆撫でした。なぜならプーチンは、北極海はロシアの戦略的優位を確保し、かつ将来的にロシア経済を復活させる可能性のある資源の宝庫と考えているからだ。それを横からしゃしゃり出てきて横取りされてはたまらない。

今のロシアは人口で中国の約一〇分一、GDPは中国の一二分の一。軍事費は、中国の四分の一。プーチンは、急速に成長してきた隣の大国に心の底では危機感と警戒感を抱いている。

確かに、ウクライナ戦争を利用し中国とインドはロシアから安い石油や天然ガスを大量に買っているし、イランは武器供与を行い「協力」しているかのように見える。しかし、インドはそれまで買っていた武器の購入先を他に探しつつあり、中国も非難がロシアに集まると冷淡になった。香港、ウイグル問題を抱える中国はロシアと同じに見られるのは絶対に避けたい。所詮は、利用できる時だけの偽りの「友好関係」なのだ。

しかし、「偽りの友好関係」が実害をなすこともある。

最近ロシアが中国と連携して日本の周りで活動する機会が増えているのは事実だ。半導体などでロシアが中国を頼りにするしかない状況も、気になる。

私たちはこの二つの国の動きを常にチェックしておかなければならない。

ロシアと中国が本当に手を組むとしたら、それは日本にとって「悪夢」でしかないからだ。

I　ウクライナ戦争が教えてくれること

第二章　ロシアのウクライナ侵攻は本当に、突然だったのか？

NATOの油断とEUのロシア依存
プーチンの『資源外交の罠』
ウクライナ侵攻は、二〇一四年にタネがまかれていた！

ロシアのウクライナ侵攻は、多くの国や人々にとって、確かに突然のことだった。

しかし、ポーランド、バルト三国（リトアニア、ラトビア、エストニア）の人々にとってはいつ起こってもおかしくない脅威だった。

●エストニア（バルト三国）

二〇〇七年、ロシアはエストニアに大規模なサイバーアタックを仕掛け、世界で最もデジタル化の進んでいたエストニアは一時、国家機能そのものが失われた。

住民の戸籍も、土地などの所有も、全てネットワークに保存されていた国は、短い間ではあったが、事実上「消失」してしまったのだ。以降、エストニアでは全ての記録を本国だけでなく各国の大使館に保存し、それでも安心できず、ルクセンブルグに保存することにした。

「たとえ、ロシアに侵攻されて、現実の国が地上から消滅してしまっても、私たちがこうして生きていた。エストニアという国があった、という記録を残したいと国民の多くが心の底から願ったの」――ポーランドでお付き合いをしていたエストニア大使夫人の言葉だった。

ロシア侵攻により国を失いかねないという恐怖は、それほど切実だった。

彼らにとって、ロシアという存在はまさに「今、そこにある危機」だったのだ。

●ポーランド

ポーランドとリトアニアの間には、カリーニングラードというロシアの飛び地がある。

筆者がポーランドに二年間滞在していた二〇一八年当時、カリーニングラードはヨーロッパで「最も武力の密集した地域」とされていた。ロシアはここにイスカンデルという中距離ミサイルを運び込み、多くの兵士を送り込んでいる。ここから、ワルシャワはもちろんドイツの首都ベルリンも含めて、ヨーロッパの主要都市のほぼ全てをミサイルの射程に収めているのだ。

筆者がいた間に「核弾頭が運びこまれた」との報道があり、緊張が走った。

ポーランドは、筆者が住んでいた二〇一七年当時、アメリカ兵のポーランド駐屯をトランプ大統領に懇願していた。すでにＮＡＴＯの部隊が持ち回りでポーランドにも駐屯していたが、それだけでは安心できなかったのだ。

「ポーランド人が何万人死んでも、アメリカは動かないかも知れない。けれど、アメリカ人が一人でも死亡すれば、アメリカは動くだろう」――それほどの悲痛な思いだった。

天然ガスは、パイプラインでロシアから供給されていたが、ポーランドはあえて、アメリカから高いＬＮＧを輸入すると決め、多額の建設費をかけてＬＮＧ専用の施設を作った。

「どんな国も、裏切る。最後には、自国の利益でしか動かない」

高いコストを払っても、アメリカからシェールガスを買うことで、ロシア依存から脱し、アメリカの歓心を買おうとしていたのだ。選挙では大量の票をトランプに入れ、トランプが勝てたのは多くのポーランド移民の票があったからだとさえ言えた。その証拠にトランプは、就任後すぐポーランドを訪れ、スピーチで感謝した。筆者はそのスピーチを聞いていた。まさに「選挙で票を入れてくれてありがとう」というメッセージが強く伝わってきた。

強いものには、相手が一番欲しいものを与え、恩を売っておく。そして次回の協力にも期待させる――ロシア、オーストリア、プロイセン（ドイツの前身）によって三分割され、国を失い、第一次大戦後に復活したものの、第二次大戦後はソ連という強大な権力に支配され続けた国の、「リアリズムに徹した政治哲学」だった。

ブレグジットが発表された日、筆者はフランス大使公邸で多くの賓客とランチを共にしていたが、隣の男性が「今日は私にとって最悪の日だ」と頭を抱えていた。なぜ？　と聞くと「イギリスがEUを離脱する。きっとまもなくロシアがポーランドに攻めてくる」と言う。

びっくりしてしまった。「イギリスはEUからは出るかもしれませんが、NATOからは出ませんよ。急にロシアが事を起こすことはないでしょう」

「貴女はロシアを知らない。いったん事を起こすと、彼らは本当に素早いんだ」

彼は田舎の世間を知らない人ではない。つい数年前まで、世界的通信社で記者をしていた人物だ。彼の動揺ぶりは、その後、長い間、筆者の頭から離れなかった。

NATOの油断とEUのロシア依存

これらの警鐘を軽んじ、ロシアの危険を過小評価し、警戒を緩めてきたNATOは反省すべきだろう。そもそもNATOはロシアを仮想敵国とした軍事同盟で、各国がGDP（国内総生産）の二％以上を防衛費に充てることを目標としてきた。しかし、二〇一六年トランプがNATOに乗り込み、ロシアの危険性を説き、防衛費の増強を訴えた際、目標に達していたのはわずか四カ国。五年経っても、八カ国に増えただけだった。米、英、ポーランド、クロアチア、ギリシャ、バルト三国だ。フランスですら、二％に届かず、ドイツに至っては、一・四九％。対するロシアは、三・〇九％。三・二九％を費やしているアメリカの怒りももっともだろう。ロシア侵攻後慌てて、ドイツやデンマークなどが引き上げを決めたが泥縄もいい所だ。

NATOは比較的、海軍力が弱い。加盟国の中で強い海軍をもつのは、アメリカ、イギリス、そして(あまり信用できない)トルコくらいだ。トルコはシリア問題などでロシア・イランと『奇妙な三国同盟』と言えるほどロシアに接近していて、あろう事か、国防のかなめ地対空ミサイルシステムS－400をロシアから購入。他のNATO加盟国から「トルコは本当にNATOにいるのにふさわしいのか？」と疑問の目で見られていたのだ。

S−400が配備されれば、操作のためロシア兵がトルコ国内に常駐しミサイル迎撃システムの管理にあたる。そうなればNATOの主力戦闘機であるF16のステルス機能などの最高機密がロシアに漏れるのはほぼ確実。NATOに「追放条項」があったらトルコは除名されていたかもしれない。トルコは今や、民主主義国家とは言えないほどエルドアン大統領の独裁体制が浸透している。国民はあちこちに仕掛けられた盗聴器を警戒し、家族間でも本音の話ができないほどだ。大体、大統領自身が関わってイランから金の密輸をする国は、そうそうない。

自身の汚職を隠ぺいするためのエルドアンと検察の、手に汗握る攻防は、日本では考えられないスリルだ。一時間単位で攻守が入れ替わり、エルドアン大統領による警察署長の移動、検察による汚職大臣の拘束、エルドアンによる検察官の首切、警察官の大量解雇と、スパイ漫画でもこれほどの混乱は書けないだろう。到底、現実のことと信じてもらえないだろうから。

しかし、そんなトルコでも、対ロシアとしての使い道はある。トルコが全く当てにならなければ、黒海は完全に「ロシアの海」になってしまう。そうなったら、ウクライナは食糧や工業品を輸出する経路を断たれてしまうかもしれないのだから。

プーチンの『資源外交の罠』

ゼレンスキー大統領はドイツでのビデオ演説で、ヨーロッパがロシアに支払ったガス代金がこの戦争を賄《まかな》っている」と言い、ドイツとロシアを結ぶ二本目のガスパイプライン「ノルド・ストリーム２」の放棄を訴えた。（このパイプラインは後に何者かに爆破された。）

侵攻以前、ドイツは天然ガスの約五五％をロシアから輸入。「ノルド・ストリーム２」という新しいパイプライン計画もＥＵの反対を押し切って進め、完成すればロシアからのガス供給は約二倍に増える予定だった。トランプが「ドイツは国防費も少ないし、アメリカがドイツを守るため数十億ドルも払っている時に仮想敵国のガスに依存し何十億ドルもの金をロシアに支払い、それが軍備に使われている」とドイツを名指しで批判したのももっともな話だ。

ノルド・ストリーム２の工事はその後も続けられたが、その後、当時野党だった社会民主党のシュレーダー元首相がロシアの石油会社「ロスネフチ」の取締役になっていたことが発覚。スキャンダルになり、「政治家がロシアに取り込まれて利益を得ること」を皮肉った『シュレーダリゼーション』という言葉が生まれたほどだ。（日本には中国に取り込まれて利益を得ている政治家がウヨウヨいそうだ…。発覚したらどんな言葉が生まれるだろう？）流石に、ショルツ首相はノルド・ストリーム２の承認を取り消した。

ロシアだけではない。ビジネス優先で在任中二〇回以上も財界人らを引き連れて訪問。中国に急接近したメルケル前首相の「いきすぎた重商主義」が、今、問い直されている。

ロシアが、七月、一時的にパイプラインのガス供給を止め、再開後も四〇％に減らした際、ドイツのショルツ首相は「ロシアはエネルギーを武器として利用している」と怒りをあらわにした。しかし、「武器として利用できる」環境を作り上げてきたのは誰なのか？

EU全体でも、ロシアからの天然ガス輸入は約四七％をロシアに頼っている。ロシア侵攻前のEUはロシアに毎日三億ドル（約四〇〇億円）を支払っていた。NHKによれば「侵攻後EUがロシアに支払ったエネルギーの代金は約七兆円を超えている」という。（二三年五月末）ロシアが軍事侵攻につぎ込む費用のかなりの部分をEUがまかなっていたことになる。ゼレンスキー大統領が『他人が流した血でビジネスをしている』と批判したのももっともだ。

プーチンの「資源外交の罠」はそれだけではない。

原子力発電やガス供給を使ってイラン、トルコ、イラクという友好国とパイプを深めている。先日イランから、一〇〇機のドローンがロシアに供与されたと報道された。これはロシアの武器が不足している証《あかし》でもあり、ロシアとイランの関係の深さも示している。このドローンは、クリミア大橋が爆破された報復に、ウクライナ市民の住宅などを攻撃するのに使われ、多くの犠牲者を出した。

「コールダー・ウオー」の著者マリン・カッサは「資源から得られる収入が軍事予算となり、かつ、資源輸入国を『ロシアに依存する国』に変えるテコにもなる。プーチンは、ロシアにとって、エネルギー産業は、『安全保障問題』そのものと考えている」と書いている。まさにその現実を私たちは今、見ているではないか。

ＥＵはプーチンの「資源外交の罠」にどっぷりと使っていたことになる。

これはヨーロッパだけの話ではない。プーチンは北方領土を餌に安倍政権に近づき、経済援助を引き出し、日本もエネルギー戦略に取り込もうとした。サハリン2は、ロシアで初めての液化天然ガスプラントだが、三井物産と三菱商事が約二〇％を出資している。ＬＮＧの生産量は年一〇〇〇万トンで、約六割が日本に向けて輸出されてきた。プーチンはこの権益を日本から取り上げようと画策。そうなれば、サハリン2からのガス供給が途絶えかねない。日本としては受け入れられない。現在、両国間で厳しい攻防が繰り広げられている。

ロシアや中国のように国際法を重んじず、独裁者の鶴の一声で法律の変わる国とビジネスをするには常に危険があることを知っておかなければならない。

プーチンにとってウクライナ侵攻は必然？

プーチンはかつての栄光をロシアに取り戻したいと考えている。世界の大国として。

しかし、現実は厳しい。

冷戦が終わった時点で、ロシア側は、ＮＡＴＯは拡大しないと「約束した」と考えていた。

しかし、一九九九年、ポーランド、ハンガリー、チェコがNATOに加盟。二〇〇四年には、ルーマニア、スロベニア、バルト三国、ブルガリア、スロバキアが加盟、NATOは東方への拡大を進めた。これは、安全の保証を求めた旧ソ連諸国が望んだためだったが、プーチンにとっては「西側は約束を破り、ロシアを追い詰めようとしている」と映った。

広大な面積を誇るロシアにとって、国境は「線」ではない。「面」なのだ。敗戦に敗戦を重ねたナポレオン戦争のときも、第二次世界大戦のナチスとの戦いでも、広大な領土がロシアを救った。敗走しつつ村々を焼き払うことで、追ってくる軍に食糧や物資の補給をさせず、最後には粘り勝ちできた。だから、プーチンにとって、ウクライナがEUやNATOに加盟するなど、とんでもないことだった。

NATO側もそれを心得ていて、ウクライナを加盟させることには慎重だった。しかし、二〇〇八年、先走り感満載のブッシュ元大統領が「ドアは開かれている」と発言。「NATOはウクライナとジョージアの加盟を歓迎する」と首脳宣言に書かれた。そのため、ロシアに危機感を抱いていたウクライナもジョージアも、NATOへの加盟を目指すと決めた。

これは、ひどく酷なことだったような気がする。

ポーランドでNATOの主要国の大使と話をした際に「NATO加盟についてどう思うか?」

と聞いたところ、「小さな方（ジョージア）はともかく、大きな方（ウクライナ）はまず無理だろう。ロシアを刺激し過ぎる。ＮＡＴＯはそんな危険は冒《おか》せない」という答えが返ってきた。希望は持たせても、危険を冒してまでウクライナの加盟を認める気はおそらくなかったのだ。その証拠に、どういう道筋を辿《たど》れば加盟が実現するかは示されていなかった。

本音では、ドイツもフランスも、ブッシュの「歓迎宣言」には反対だった。

ロシアにとってバッファーであるウクライナが存在は重要だ。緩衝《かんしょう》地帯としてロシアを守るだけではない。ウクライナがＮＡＴＯに加盟し、ロシア国境近くにミサイル発射基地ができれば大きな脅威になる。プーチンは「ＮＡＴＯのウクライナへの進出は、ロシア存亡の危機だ」と大反発した。

ウクライナ侵攻は、二〇一四年にタネがまかれていた！

ロシアの起源「モスクワ公国」は九世紀にできたキーウ・ルーシ公国から分裂したもの。キーウ・ルーシ公国とはウクライナの前身だ。ウクライナは、ロシアを含む多くの国の支配を受けてきたが、特に帝政ロシア時代、ウクライナ正教会も否定され、ウクライナ語を使うことも禁止された。自分達の文化を否定されたウクライナ人の心には「真の独立」への思いが静かに熱量を増していた。

ソ連の最高指導者だったフルシチョフは一九五四年、ウクライナがロシアに統合されて三〇〇周年の『祝福のプレゼント』としてクリミア半島をウクライナに戻した。スターリンのせいで数百万の餓死者を出したウクライナへの償いの意味もあったと思える。

しかし、プーチンから見れば、これは許せない誤策だった。

「クリミア半島をまるで、クリスマスのプレゼントのように差し出すなどもってのほか」と発言している。西側に惹かれるウクライナへの怒りはプーチンの中でふくれ上がった。――たかがロシアのバッファーであるウクライナがNATOへ入りたいなど、もってのほか。お灸を据えなければならない。欧州は平和に慣れ、軍も縮小している。クリミアの時同様、今回も抵抗は少ないだろう――。ウクライナで反ロシア感情が高まり、ロシア寄りの大統領がロシアに亡命せざるを得なくなったことも、彼の怒りに火を注いだことだろう。

プーチンは最初この戦争は五日ほどでかたがつくと考えていた。ウクライナが教訓を学ぶか、ゼレンスキー政権を転覆させ、言うことを聞く大統領に変えれば良いと思っていただけの可能性が高い。実際、アメリカは侵攻直後、ゼレンスキー大統領にキーウ脱出を促していた。

しかし、ゼレンスキーは「私に必要なのは逃げる手段ではなく、祖国のために戦う武器だ」と首都に残った。その後、彼が、国民だけでなく全世界に向けてウクライナの覚悟を示し続けることで、国民の士気を高めていることは、読者も知っているだろう。

以前ＴＢＳで、『筑紫哲也ニュース23』などのキャスターをしていた筆者の個人的な経験から言えば、彼の訴えは非常に力強く、効果的だ。毎日、国民と同じ質素なＴシャツを身に付け、時には髭を剃ることもせず、日に日に焼けていく彼の顔を見ていれば、実戦のあった地域や被害に遭った人々を鼓舞するために大統領自ら飛び回っていることも想像がつく。腹からの強い声で熱弁をふるい、時には大きなジェスチャーも混ぜることで、聞くものを飽きさせることがない。強い視線は常にカメラの向こうにいる聴衆を見据えていて、彼の意志の強さが伝わってくる。国連総会でも二国間協議でも、大国を相手に臆せずウクライナの民の声を代弁する姿は感動的だ。国民が鼓舞されないはずがない。ウクライナ兵の士気が高まらないはずがない。

ゼレンスキー大統領の母親はユダヤ人だ。ということはゼレンスキー大統領本人もユダヤ人ということになる。（母親がユダヤ教徒なら、子供は自動的にユダヤ人とみなされる）その人を大統領に戴くウクライナを「非ナチ化する必要がある」などという難癖をつけ攻撃することを世界が容認すると、プーチンは本気で考えていたのだろうか。しかし、一度野望に取りつかれた独裁者の考え方は、普通の人間とは違うのだろう。

国内の支持率の高さが、どれほど馬鹿げた論理でも自分なら国民に納得させられると思わせたのかもしれない。長期間トップにいると、周りにイエスマンしか残らなくなるせいもある。怖いのは、最高指導部を自分に忠実な部下で固めた習近平も同じような状況にあることだ。

プーチンはコロナの感染を恐れて、極端に側近たちとの接触を避けてきた。隔離生活に近く、入ってくる情報も限られただろう。そんな中、西側に対する「被害妄想的な傾向」も進んでいったようだ。テレビで、プーチンとラブロフ外相が、五メートルはありそうな大仰なテーブルを挟んで会談している場面を見て、違和感が拭えなかった。コロナ感染と暗殺を極端に恐れた結果だろう。

その後、ラブロフ外相は「攻撃はいつやむか」と記者に聞かれ「わかるはずがない。私に聞かれても困る」と答えていたのに失笑してしまった。一国の外務大臣が「明日の国の方針など私に聞かれてもわかるわけがない」と言い放ったのだから。普通は言えない。

これはまさに、この戦争が「ロシアの戦争」ではなく「プーチンの戦争」だということを示している。戦争を続けるのも止めるのも、全てプーチン一人の決断次第ということだ。

しかし、たとえ、正確な情報が入り、状況が不利だと聞かされていても、プーチンが侵攻した可能性は高い。プーチンは、二〇一四年に、あれほどうまくいったクリミア半島併合の「成功体験」と、その後の西側の腰のひけた対応を見てきたからだ。

その意味で、今回、突然に見えたウクライナ戦争は、実は二〇一四年に始まっていたのだ。

Ⅰ　ウクライナ戦争が教えてくれること

第三章　ウクライナ　――なぜ？　悲劇の連鎖――

抑えつけられてきた悲惨な歴史――ホロドモール

「なぜこのような目に遭わなければならないのか？」

「我々が何をしたというのか？」

リヴィウ訪問から伝わったウクライナ人たちの悲壮な思い

急襲を受けたウクライナとはどういう国？

広さは、日本の約一・六倍。人口は約四〇〇〇万人。

南部の黒土は肥沃で、小麦やとうもろこしが栽培され「欧州のパンかご」と呼ばれる。

私たちにも、すっかりおなじみになった国旗の青と黄色は、青空と小麦の黄色い畑を表している。耕地面積に至っては、なんと日本全土とほぼ同じなのだ。

しかし、収入的にはヨーロッパの中でも最貧国のグループに入る。

二〇二一年の一人当たりのGDPを見ると、イギリスの四万四百六ドルに比べて、ウクライナは四千八百二十八ドル。約十分の一だ。

国歌「ウクライナはいまだ死なず」には「今こそ私たちがコサックの氏族だと示すときだ」と言う言葉がある。自らの命を惜しまず勇猛果敢に周辺諸国をねじ伏せ、早い時期に国家に近い形を作ったコサックの血を受け継いでいる、という人々の矜持が込められている気がする。なんだか、日本人が「私たちはサムライの子孫だ」という時に感じる誇りにちょっと似ている。

ホロドモール　絶望的な飢饉

けれど、ウクライナの現代史で、最も先に語られるべきなのは「ホロドモール」だ。

「欧州のパンかご」と言われるほど肥沃な土地を持ちながら、九〇年ほど前、この国はヨーロッパでもまれな飢饉に襲われ、何百万という餓死者を出した。

スターリンが共産主義を推し進めるために、無理に農業の集団化を行なったためだ。過酷なノルマを与え、目標を達成できない集団農場からは翌年の作付け用の種さえ取り上げた。そのため、ウクライナの至る所で飢饉が起こり、一九二一年には、何十万人もが餓死した。飢饉はその後も続き、三二年から三三年に入るとさらに過酷な状況が生まれた。

「ブラッドランド」の著者ティモシー・スナイダー教授（イェール大）は「農民はバタバタと死んでいった……数えきれないほど多くの親が我が子を殺して食べ、その後自分も餓死した。ある母親は、息子の肉を調理して娘と二人で食べた」とその様子を書いている。

国家警察であるOGPUはメンツを守る立場だったにもかかわらず「『家庭では、最も弱いもの、大抵は子供――を殺してその肉を食べていた』」という記録を残しているという。

「ホロドモール・ジェノサイド博物館」では毎年この飢饉での犠牲者のため追悼式典が開かれる。ウクライナ語で「ホロド」は「飢え」、「モール」は「苦しんで死ぬこと」だ。

多くの研究者は、少なくとも四〇〇万人以上のウクライナ人が犠牲になったとしている。少なくとも、一〇人に一人が飢えて死んだ。実際の数字ははるかに大きいことだろう。

倉井高志前ウクライナ大使は、ゼレンスキー大統領が、追悼の記念式典で「どの研究も『何のためにという、たった一つの問いかけに対して答えを提供することができていない』と語った」と著書に書いている。そして「なぜウクライナ人がこのような目に遭わなければならないのか」「我々が何をしたというのか」という問いは、今回のロシア軍侵攻に対し、ウクライナ人が発した問いに通じると。(「世界と日本を目覚めさせたウクライナの『覚悟』」)

これほどの悲劇をウクライナ人が忘れるはずがない。

天災による飢餓ではない。土地が痩せていたのでもない。

スターリンというソ連の独裁者の被害妄想と、事実を彼に伝える勇気を持たなかったソ連の役人たちによる「虐殺」なのだ。当時ソ連は「飢餓など存在しない」とうそぶいていた。

一〇人に一人が飢えて死んだ。家族が殺し合って、肉を食べた——その苦しみを、その悲しみをウクライナ人の胸から消し去ることなどできるはずがない。

そして、それを可能にした「独裁」の恐ろしさ「全体主義」の恐ろしさを私たちは忘れてはいけない。歴史は形を変えて、必ず繰り返すのだから。

チェルノブイリ原子力発電所での事故

筆者は、ウクライナの地を二度訪れている。

最初は一九八八年。チェルノブイリ原発の悲劇的な爆発事故の二年後、原発を取材した。白衣の下に、レントゲン医師が着る鉛の素材で体を防御する長めのワンピース、子宮を守るためのスコート、それに、なんと鉛のパンティまで作って行った。（着るためマジックテープで脇を止める、というアイデアは作って下さったお店の方と一緒に頭をひねって工夫した）放射性物質は地中に残るため、下からの放射線をカットする必要があったから。

日本で手に入る中では最大値まで測れるガイガー・カウンターを持って行ったが、敷地に入るゲートのところで、針が振り切れてしまった。「あらら……。」――さすがに予想外だった。

一日の取材を終えてホテルに帰った私たちは、その日に着ていた服も靴も全てビニール袋に密閉して、すぐに捨てた。

しかし、その原子力発電所では、その時も二千人を超える人々が働いていたのだ。その多くはウクライナ人。

事故の際、決死の人々の努力で、爆発した四号炉は分厚いセメントで覆われた。しかし、その作業に関わった消防士も、誰も、放射能の危険を知らされていなかった。防護服すら支給されなかった。

事故の直後、多くの人が亡くなった。ソ連は正確な人数を公表していない。

この時、事故そのものをソ連が二日間も隠蔽《いんぺい》したせいで、避難や必要な措置が取られず、被害が拡大した。ウクライナ地方では、直後に亡くなった人ばかりでなく、多くの人が後遺症に苦しみ、数年後も癌や、白血病が多発した。

筆者が取材した時「石棺（爆発した炉を覆っていた）」の分厚いセメントには無数のヒビが入り、黒いシミが縦横に走っていた。人々が働いていた場所から二百メートルも離れていなかった。

放射能が漏れていた可能性は高い。技師たちの給料は通常の六倍。危険を知りながら、まさに、命を切り売りしていたのだ。

その時のソ連人所長の言葉は忘れられない。

「放射能の危険？　とんでもない。この辺ではこんなに大きなキノコも採れるんですよ。」

彼が見せてくれたキノコは直径二〇センチ余りと異常に大きく、松の木の葉は通常の三倍以上の長さがあった。――「いやいや、それこそ十分変だろう！」心の中で突っ込みたくなったが、必死でこらえた。これから丸一日取材させてもらわなければならないのだ。

「昼食を一緒にどうぞ」というゾッとするような心暖まるお誘いも、断ることはできなかった。もっとも、ディレクターとカメラマンたちは「僕らはレポーターの食事する姿を撮影するので」とさっさと席を立ち、筆者一人を人身御供に差し出して安全地帯へと退避したのだが。。。

労働者たちの食堂は、爆発し、二年経っても内部で炉心融解を続けていた四号炉からわずか二〇〇メートルしか離れていない。まず、スープが出され、サラダが出され、最後が肉料理だった。できることなら、何にも手をつけたくなかった。しかし、そんなことはできない。取材させてもらう立場なのだから、絶対に失礼をしてはいけないのだ。

スープは無理やり喉に流し込んだ。サラダは、まあいいだろう。肉はいけない。放射性物質は栄養価があると体が勘違いして肉やミルク、卵に集積していくのだ。——というわけで私は肉には一切手をつけず、サラダばかりぽりぽり食べてようやく冷や汗もののランチを乗り切った。——というタイミングで、所長が自慢げに私たちに説明してくれた。

「我々は労働者の健康を気遣って、肉は全て南部から持ち込んでいます。野菜だけは、先ほどお見せしたようによく育つのでここで実験的に栽培していますが」——ああ、できることなら、労働者の健康への配慮は徹底してサラダにまでこだわっていて欲しかった…。

当然ながら、周辺の住宅地の土を入れ替えるなど、近隣住民が地域に戻れるような対策は一切、取られていなかった。周辺の広大な畑には、一組の老夫婦が「もう、先も長くない。生まれた土地で死ねれば良いんです」と避難先から戻って農作業をしていた。

それから数十年の間に多くの大人、そして子供が、放射線の影響と見られる病気で亡くなった。

世界を歩くと、本当に「人の命の重さ」の捉え方の違いについて考えさせられる。

日本では、悲惨な福島原発事故の後、土の入れ替えが行われ、できる限り、住民が元のコミュニティーに戻れるよう、十分ではないかもしれないが、できるだけの配慮がなされ、今も海上保安庁や自衛隊が行方不明者の捜索を続けている。

「冬、冷たい海に潜るのは辛いけれど、今も行方の知れない方のことを考えると何かを見つけてあげたいと思うんです」自衛隊のダイバーの言葉が胸に響いた。それに比べ、ウクライナ地方に住んでいた人々は、事故直後にヨードが配られた以外、何の配慮を受けていない。

ソ連の崩壊は、その三年後。

ウクライナは独立を果たした。ソ連の支配下で、辛酸を舐め尽くした後の「独立」だった。こんな仕打ちをしてきた国をあなたなら、許せるか？

自由になることなど考えず、おとなしく、ロシアという国のバッファー（緩衝国《かんしょうこく》）であり続けろ、と言われて「はい、そうですか」と言えるのか。

ウクライナの覚悟

ソ連は、連邦の中で、各国に分業させていた。

ウクライナは工業、特に兵器の製造を担当し、ソ連を守る要所にあったため、ソ連邦崩壊後多くの核を持っていた。驚くなかれ、当時、一二四〇発もの核弾頭と一七六発の大陸間弾道ミサイルを持つ世界三位の核保有国だったのだ。しかし、アメリカ、イギリス、ロシアが「領土の安全を保障する」という『議定書』で安全を保障。核は全て手放した。

ところが、二〇一四年、「領土の安全を保障してくれる」はずだったロシアにクリミア半島を併合され、領土は「侵された」。ドンバス地方の三分の一が、事実上、ロシアの支配下に入った。ロシアの撤退を条件に「ミンスク合意」が結ばれ一時的に停戦。しかし、ロシアは撤退どころか、さらなる大攻勢に出た。その後結ばれた「ミンスク合意Ⅱ」では、ウクライナの主権がますます制限された。今回、プーチンはこの地方を完全にロシアに併合しようとしているのだ。

ゼレンスキー大統領は「ロシアに対して譲歩しても、相手から『譲歩』は帰ってこない。逆に一層強い姿勢でやってくる」という確信を持っていると倉井前大使は書いている。「ミンスク合意」にもかかわらず、ウクライナ東部への軍事介入を続け停戦合意は破られ続けてきた。ロシアとの交渉を続けてきたゼレンスキー大統領のロシア観は、経験に基づくものだ。

ゼレンスキー大統領は、二〇二〇年頃からロシアに対し強硬な姿勢を取り始めた。「ウクライナにおけるプーチンの代理人」と呼ばれるオリガルヒを制裁。資産を凍結し、軟禁した。親ロシアのテレビ局の放送免許も取り消した。

一方でプーチンも動いていた。この頃にはウクライナ国境周辺のロシア軍も増強済み。言うことを聞かないものへ「お灸の据えどき」とでも思ったのか。

しかし、ウクライナも、クリミア半島併合以来、独自に軍備を増強していた。もともと、ソ連時代に兵器製造を担っていたから、技術者もいるし、鉄鋼石も多く取れる。中国が買った空母「ワリャーグ」も、ウクライナで作られたものだ。製造途中で資金がなくなり製造が止まっていたのを「カジノにする」と偽って買った中国は、この艦を中国最初の空母「遼寧」へと改造。性能は高くないが、艦員の訓練などの役にはたっている。「遼寧」は最近、頻繁に日本近海に姿を見せる。(中国は、その後、おそらく他国から盗んだと思われる情報などをもとに改良を重ね、三隻目の空母をお目見えさせたばかりだ)

黒海艦隊の旗艦「モスクワ」を撃沈した巡航ミサイル「ネプチューン」は、ウクライナが自国で製造したものだ。「モスクワ」を撃沈した効果は絶大だった。まさに、ウクライナの面目躍如だ。

それまで、「モスクワ」がこの地域の防空を一手に担い、黒海の制空権はほぼロシアが握っていた。ところが、この艦が消えたおかげでウクライナ軍機の活動は活発になった。その後、巡洋艦も撃沈されたため、ロシア海軍は地上からのミサイルを恐れてウクライナの沿岸に近づけなくなった。

ウクライナの防空システムは、Ｓ－３００（皮肉なことにソ連邦の遺産）で、この地対空ミサイル・システムがあるからこそ、ロシア軍機はレーダーに移りにくい低空飛行をせざるをえない。そのため、歩兵が持ち歩けるスティンガー・ミサイルなどで簡単に撃墜されてしまう。

もし、このシステムがなかったら、ロシアは高い高度からの爆撃で、やすやすとウクライナを焦土化できていただろう。イラクやシリアで行ったように。

中東出身者に、聞いたことがある。

「アメリカの兵器は高性能だが、ピンポイントで狙うからそれほど怖くない。ロシアの爆撃の方がはるかに怖い。絨毯爆撃であたり一帯を破壊し尽くすから、どこにも逃げようがない」と。この絨毯爆撃を防げていることはウクライナにとってとても重要なことだ。

今でも、アパートやショッピングセンターが狙われ民間人の被害が出ているが、もし、ロシアが高い高度から絨毯爆撃を仕掛けたら、被害はとんでもなく大きくなっていたはずだから。

ウクライナは、対戦車砲も数多く持っている。侵攻があった時点でウクライナが持っていた対戦車兵器の八割が自国産だった。第二次大戦の映像を見ればわかるが、ヨーロッパの戦争の象徴的な兵器は戦車だ。

特に平地の広がるウクライナやポーランドなどでは、ロシアから攻めてくる戦車を止めることが最重要課題だ。ウクライナは、それにできる限り自力で対処しようとしていたのだ。

ウクライナの善戦は、確かに西側からの武器や情報の援助が大きい。

しかし、二〇一四年以降続けられてきたウクライナ自身の武器開発の努力や、自らの命を犠牲にしても、祖国を守り続けるという強い意志があればこそ成り立っているのだ。

現在、ウクライナは成年男性の国外への脱出を禁じている。

つまり、ウクライナにいるすべての戦える男性は、祖国のために命をかけているのだ。

妻も子供もそれを支えている。もちろん､必ず生きて家族のもとに帰ってきて、と祈りながら。


ゼレンスキー大統領は、七月二十二日、「ロシアに領土を奪われた状態での停戦は受け入れない」とウォールストリート・ジャーナルに語った。まだ、ロシア軍が、ウクライナ東部や南部でミサイル攻撃などを続け、支配地域を拡大しつつあるさなかのことだった。

大統領は「ロシアが奪った領土の維持を認めるような停戦は、（将来、再編成された）さらなる戦闘を促すだけだ」とした。今、決着をつけなければ、将来、ロシアが作戦を練り直し、また攻めてくる。だから、どれほどの犠牲を払おうと、今ロシアに時間を与えることはできない、という必死の覚悟だ。

「譲歩しても、決して報われることはない。今、決着をつけなければ」――。それがゼレンスキー大統領の信念なのだ。そして、おそらくウクライナの多くの人々の。

国連高等弁務官事務所（ＵＮＨＣＲ）はウクライナからの国外への避難民が八百万人を超えたと明らかにした。

ロシア軍の残虐さは有名だ。朝日新聞の記者は「ロシア軍は処刑リストを作っている」と聞いたと書いている。実際、英王立防衛安全研究所が発表した文書によると、ロシアは抵抗運動を指揮しそうな人物を事前にリストアップしていた。一月にサイバー攻撃でウクライナの自動車保険のリストを入手し、そこから引き出した情報をもとにリストをつくり、住所を特定したという。本人が見つからなければ、家族をターゲットにすることも躊躇《ちゅうちょ》しないロシアだから、リストにのせられた人たちは急いで家族を出国させなければならなかったのだろう。

リヴィウ訪問から伝わったウクライナ人たちの悲壮な思い

筆者が痛切に、ウクライナの思いを感じたのは、ポーランドにいる時だった。

ポーランドには、ウクライナからの出稼ぎ労働者がたくさんいた。「賃金が安い」「子供の成績を上げるために、教師にまで賄賂を払わなければならない。そんなところで子供を育てたく

ウクライナ大使ご夫妻

なかった」など多くの声を聞いた。
私の社交ダンスのインストラクターは、少しでも高い賃金を求めてポーランドにきたウクライナ人だった。（もっとも、大使夫人の仕事が忙しすぎて数回しか通えなかったのだけれど）

しかし、一番印象的だったのは、二〇一六〜一七年に親しくさせて頂いたウクライナ大使ご夫妻の努力だ。リスクを嫌がるポーランド外務省を説得し、外交団のリヴィウへの二泊三日の旅行を実現させてしまったのだ！　リヴィウはポーランド国境から約二〇キロ。西部にあり、ロシアから遠いことが決め手だった。

観光地として、世界各国から人々が訪れていたこのウクライナの古都は、今は避難民が押し寄せ、日々ロシアからの攻撃にさらされている。

私たちはバスに乗り、約八時間の旅に出発した。ポーランドからパトカーに先導され、特別な許可を取っていても、国境を越えるためにバスの中で一時間ほど待たされた。

ホテルは落ち着いた品の良いもので、快く過ごさせてもらった。古都であり、美しい中世の建物が数多く残る街で、人々は一様に優しかった。

しかし、街の中央の広場には、前回のロシアとの戦いで亡くなった若者たちの写真が大きくはられ、毎日追悼のための花束が絶えないのだと聞かされた。「僕も、建物の上からロシア兵を狙って銃撃したんだ」と誇らしげに語る若者もいた。

教会内部

街を案内してくれたにこやかな少女に「看板などを見るとロシアのキリル文字に似ているのね」と言ったら「文法的にも、文字のいくつかも違います！」とこの時ばかりは真剣な顔で反論された。ああ、ウクライナ人の誇りを傷つけてしまったのだと、自分を恥じた。ウクライナ人には、自分達こそコサックの血を受け継いだ本家だ、と言うプライドがあるのだ。

広場から見える大きなホテルでは結婚式が盛大に開かれていたらしく、窓から花嫁や、女性の友人たちが、大きく手を振ってくれた。平和で、幸せな一日だったことだろう。

驚いたのはものの安さだ。

美術大学の教授が描いたという油絵（幅五〇センチくらい）を買った。鮮やかな青リンゴが二つ描かれている。静けさが感じられる良い絵だ。値段は、たった百二十ユーロ。当時、約一万六千円。れっきとした美大の教授の油絵だ。いくら何でも、安すぎるだろう。

これでは、不法就労でも、ウクライナ人が他国に出稼ぎに出ざるをえないだろうと、納得させられた。エマニュエル・トッドは、「ウクライナは、独立以来一五％もの人口を失った」としている。主に高等教育を受けた人々が海外へ流出した。それによって「国の建設を担うべき優秀な人材が失われた」と。

街を歩く子供たちの多くが伝統的な赤い刺繍入りのシャツを着ている。清楚で可愛らしい。

この時はオペラハウスでオペラも上演され、私たちも美味しい料理をいただいた。いつも優

2014年の戦闘で亡くなった人達の写真の前には毎日花が飾られていた。

平和を楽しむリヴィウのホテルでは鮮やかなドレスの花嫁が人生最高の日を祝っていた。

刺繍のブラウスで歩いている子供達

しい笑顔を絶やさない柔らかな物腰のウクライナ大使も金髪にブルーの目の典型的なウクライナ女性である大使夫人も、最大限に心を込めて私たちをもてなしてくれた。

この旅で痛感させられたのは、ウクライナを好きになって欲しい、友人として自分達を見てもらいたい、いざ何かあったら、援助の手を差し伸べてもらいたいという祈りにも似た痛切な思いだ。

五十人ほどの大使や大使夫人を招いたバスを仕立てての旅行も、オペラの上演も、飲食代も、貧しいウクライナにとっては金額的に大きな負担だったと思う。

それでも、大使夫妻は、私たちにウクライナの良いところを見てもらい、できることならウクライナの味方になって欲しいと心から祈っていたのだ。

陰に陽に、ロシアからプレッシャーをかけられ続けてきた彼らの状況はそれほど厳しいものだったのだと、

筆者とフィンランド大使とニュージーランド大使

今痛感させられる。あのにこやかな大使の心のうちに、それほど悲壮な思いがあったのだ、と今ならわかる。

筆者が住んでいたポーランドでも、ロシアがいつ攻めてくるかわからないと人々は日々、怯えて暮らしていた。日本にいたら、そんな思いはきっと想像することもできなかっただろう。

「国境線は最初から決まっていて、これからも動かない」と大半の国民が信じこんでいる国なんて、世界中にほとんどない。多分、日本くらいだ。


私たちが毎日享受している平和な生活は、危険な国や、厳しい生活を強いられる国にも赴任し、正確な情報を集める努力を惜しまず、日本のメッセージを伝え続ける外交官や、中露が領空、領海侵犯をしてくるたびスクランブルをかけ、監視し、追い払う役目の自衛官、日本の技術を世界最高レベルに保つため日々研究を続ける技術者や研究者、漁船が尖閣諸島に押し寄せてくるのを監視するため、足りない船と足りない人数で監視を続ける海上保安庁の隊員、それに、日本の力の源泉となる経済力を支えるために日々働いてくれる多くの人々の努力に支えられ、初めて成り立っていることを意識している人がどれほどいるだろうか。

私たちの平穏な生活はこのどれが欠けても成り立たない。

ちなみに、日本の外交官は、今もキーウの日本大使館に残って仕事を続けている。

今の平和な生活は、大国のパワー・バランスが崩れれば、あっという間に崩壊する脆いものだ。それを日々、意識して生活している人がどれほどいるだろう。

ウクライナの人々のように、日本人は国が攻撃されたら、命をかけてでも自分の国を守るという気概を持っているだろうか。

私たちは、いざという時に『覚悟』を持てるのか。

ウクライナ人たちのように、粘り強さを発揮できるのか。

テレビで悲惨な光景を見ながら、ただ、遠方の人々に同情するのではなく、自分の身にも起こりうることとして、日本を取り囲む国々の思惑を考えることを始めてほしい。

今の日本の平和な生活は、実はガラス細工のように脆いものなのだから。

第四章　ウクライナ戦争：運命を変えたポイント

意表をつくバイデンの『機密情報公開作戦』
ロシアの戦車は「まるでびっくり箱」？
衝撃的な「渡河中のロシア軍の全滅」
ウクライナの反転攻勢

意表をつくバイデンの『機密情報公開作戦』

今回、最も特徴的だったのはインテリジェンス（機密情報）の使い方だ。機密情報は隠すものだ。だが、バイデンはあえて公開した。その真意は、どこにあったのか？

バイデンは、侵攻直前に「ロシアがウクライナが先に攻撃したという動画で偽装作戦を計画中」と暴露し「ロシアは今週にも侵攻するだろう」と世界に向けて警告。

二月十七日には、ブリンケン国務長官が国連安保理で「ロシアの侵攻シナリオ」をプレゼンまでした。これは、プーチンに「アメリカは想像以上に多くの情報を得ているかもしれない」と思わせ、疑心暗鬼に陥らせることを狙った心理作戦だ。

この時アメリカが示した「ロシアのシナリオ」は、

一、まず偽フラッグ作戦で爆破テロやドローン攻撃の情報を流し、住民の危機感を煽《あお》る。

二、実際にテロ行動を起こし、ウクライナを犯人に仕立て上げる。

三、ミサイル攻撃やロシア得意の空爆で侵攻の口火を切る。

四、通信妨害やサイバー攻撃で重要な施設を機能不全にし、地上部隊や戦車が進軍する。

というもの。アメリカは衛星からの情報で、ウクライナの隣国ベラルーシとウクライナ国境に集結するロシア部隊の動きを知り、かなり正確に次の行動を予測していた。そして、その情報を公表することでプーチンを牽制した。同時に、ウクライナは非常警戒体制に入れた。

実は、アメリカは一月に「ロシアは一月中旬から、二月中旬に侵攻を開始する」との予測を発表していた。しかし、プーチンは一癖《くせ》も二癖もある人物で、サプライズを好む。

何しろ、犬が恐いメルケル前首相との会談に、しれっとした顔で大型犬を連れ込み、メルケルがビクビクする様子を楽しんでいたほどだ。また、首脳会談には、頻繁《ひんぱん》に、わざと遅れてくる。安倍元総理も待たされた。逆にプーチンの裏をかき、さらに遅れて会談に到着したのはトルコのエルドアン大統領くらいのものだ。その時のプーチンのふくれっ面《つら》はなかなかかわいらしかった。まさにたぬきと狐のばかしあい。ただ、この時はエルドアンの方が一枚上手だった。

そんなプーチンとしては、意地でもアメリカが予測した通りには動きたくなかっただろう。結果として、ロシアの侵攻はアメリカの予測よりかなり遅れた二月二十四日になった。

実はこれが、思わぬ「効果」を生んだ――。

ロシアはテレビ画面をハッキングし「これから、もっと酷《ひど》いことになる！」と脅しをかけた。

一月一四日には大規模なサイバー攻撃でウクライナの政府機関のウエブサイトに侵入し、データを削除。システムを破壊。侵攻後は、二十四時間以内に多数の弾道ミサイルを打ち込んだ。ターゲットは司令部や空港、レーダー基地。そして、ＤＤｏｓ攻撃で銀行などは機能停止。ウクライナは緊急事態宣言を発令した。ここまでは予定通りだった。しかし……。

六四キロに及ぶ戦闘車両の立ち往生(もしプーチンが気象予報士を雇っていたら……)

そこには大きな落とし穴があったのだ。「気象」という落とし穴だ。プーチンの作戦本部に、日本の気象予報士が入っていなかったのは、プーチンにとって痛恨の極みだろう。そのせいでロシアは信じられない苦戦をしいられたのだから。

二四日、四方向から部隊がウクライナに進軍。しかし、ここで想定外のことが起こる。キーウに向かう全長六〇キロの戦闘車両の列が、三日以上も立ち往生してしまった。

思いもよらぬつまづき――ＢＢＣは「燃料、食料、部品、タイヤなどを輸送するための兵站《へいたん》が、大破綻《はたん》している（中略）車両が次々と泥にはまって動けなくなった」と伝えた。ウクライナ側は「車列の中に座っている兵士の士気は日に日に下がっている」とウクライナ兵の強い意志との違いを強調。

ロシアは兵を十分な兵站機能を持たせないまま敵地に送り込んだ。彼らはまともな食事も取れず、装甲車が故障しても修理部品は無く、戦車はぬかるみにハマっているうちに燃料切れで

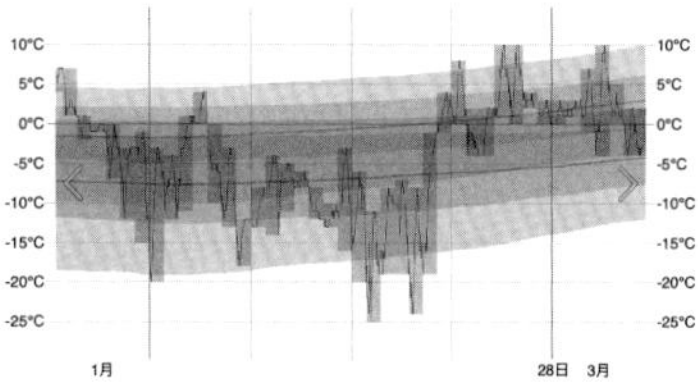

キーウにおける 2021年2月 の気温履歴

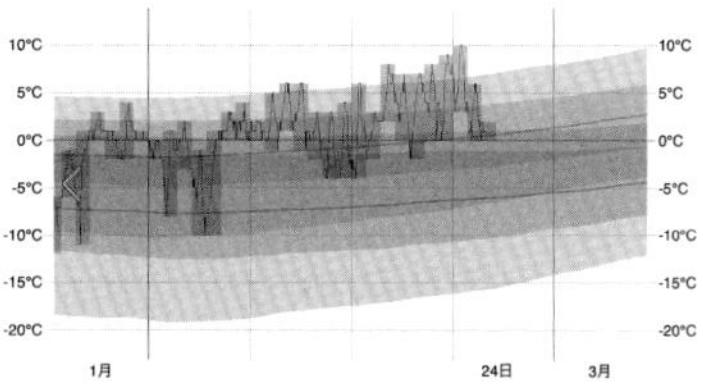

キーウにおける 2022年2月 の気温履歴

止まってしまった。士気が下がるのも無理はない。

なぜ、そんなことが起こったのか。

ベラルーシからキーウに向かうには、広大なポリーシア湿地を抜けなければならない。

侵攻作戦はプーチンと小数の側近の手で一年前に立てられたが、前年と比べ二二年は暖冬だった。しかも、アメリカの情報リークのせいで侵攻は当初の予定より遅れ、気温はさらに上昇。固く凍っているはずの湿地が、溶けてネバネバの泥濘《でいねい》となっていたのだ。

ただでさえ、ロシア軍のタイヤの質には問題が指摘されていた。

NATOは装甲車にミシュランのXZLタイヤを使用しているが、ロシア軍はこれを真似《まね》た中国製の「黄海YS20」を使っている。ミシュランのものは一セット約四百七十万円だが、中国産の方は約二万七千百円。当然、質にも差が出るだろう。特に、悪路では。――いやあ、やはり、タイヤはしっかりしたものを選びたいものだ。安かろう、悪かろうでは時に命にかかわる。。。

ロシアの戦車は「まるでびっくり箱」？

ワシントンポストは、五月一日「ロシアの戦車は、まるでびっくり箱のようだ」と伝えた。蓋《ふた》を開けると人形が飛び出して人を驚かせるおもちゃのようだと。ツイッターには、攻撃されたロシア製戦車が大爆発を起こし、アパートの五階にまで被害が出た映像もあるという。

私たちもロシアの戦車が次々に爆発する映像を見て驚愕《きょうがく》した。

ゼレンスキー大統領は「二ヶ月で一〇〇〇両を超える戦車と二五〇〇両の装甲車を破壊した」とツイート。「ロシアは戦勝記念パレードを短くしなければならないだろう」と皮肉った。

アメリカ陸軍大学のハミルトン教授によれば、ロシアの戦車の大部分は、乗員の安全よりも射撃の速度や機動性を重視して設計されている。

荒地を高速で走れるよう車体を軽くしたため装甲が薄く、素早く連射するため乗員の足下に予備の弾薬がある。しかも、防弾板で守られた弾薬庫が別に作られていない。つまり、兵士は沢山の予備弾の上に座っているのだ。だから、横から攻撃されると、最大四〇発の弾薬が連鎖的に爆発し、その上にいる兵士はこっぱみじんに吹き飛ばされてしまうという。

想像してほしい。いつ攻撃されるかわからない戦車の中、何十発もの砲弾の上に座っている兵士の気持ちを。筆者など考えただけでお尻がムズムズしてくる。

末端の兵士の一ヶ月の収入はわずか三〇〇ドル程度と伝えられる。たまったものではない。ロシア兵がツテを頼って自ら「捕虜にしてほしい」と言ってくるのは人情というものだろう。

筆者は夫のイスラエル大使赴任に同行して、イスラエルに住んだことがある。ガザの武力組織ハマスとの紛争が続いている状態だったので、かなりの緊張感を持って出発した。外務省から最初に伝えられたのは「ハマスがロケットを発射すれば、空襲警報が鳴る。九〇秒以内に近くのシェルターに飛び込め」という警告だった。「車で移動中なら、すぐに降りて路肩に突っ伏せ！」と。

自らの身を守るためにも、イスラエルの軍備を知りたいと思った。地対空ミサイルシステム「アイアン・ドーム」を視察に行ったこともある。アイアン・ドームは防御率九〇％とも言われるイスラエルの防空の要だ。

驚いたのは、イスラエルの戦車には後方に脱出口があり、前方の敵に狙われ危険を感じた時には後方から兵士が逃げられるよう設計されていたことだ。兵士は脱出して、近くの基地に身を寄せられる。戦車は補給すれば良いが、経験を積んだ兵士や将校は簡単には育たない。

「イスラエルは国を守る兵士の命を最大限守る。それが兵の士気につながるのだ」という考え方が徹底していた。

そのため、イスラエルの医療水準は非常に高い。特に外科手術においては世界でも指折りだ。戦闘で怪我をした兵を治療し、その後の社会生活が不便なく続けられるようにするためだ。それはかなり成功していて、街を歩けば、多くの手や足を失った人がさまざまな補助機を活用して社会に溶け込んでいた。もちろん、障害者への偏見はなく、むしろ感謝と尊敬の念があった。

それに比べると、ロシアの兵士の命がいかに軽く扱われていることか。悲しくなる。

プーチンにとっては、ロシア兵の命さえ、けしつぶのように軽い。

NATOの弾薬はパレットに収められ、パレットをさっと入れ替えた兵はすぐその場を離れられる。しかし、ロシアのほとんどの弾薬は老朽化したトラックから手作業で一つ一つ積みかえねばならない。時間がかかるので敵の監視網に引っかかりやすい。そこを攻撃されるとひとたまりもない。兵が嫌がるのも無理はない。兵士の安全は全く考慮されていないのだから。

一〇月、ロシアの政府系メディアは、ロシア軍の死傷者が九万人に達したと報じた。

西側は、侵攻したロシア兵は約一八万と推計しているから、その約半分。半年余りで、二人に一人が死亡するか、戦線復帰できないほどの重傷を負ったということだ。読売新聞は二三年三月ロシア兵の死者は最大七万人と報じた。

彼らの遺体は、いつか親元に返される。いや、多くは遺体もなく、戦死の報だけが届く。その時、彼らの母親たちはそれを受け入れることができるのだろうか。

ジャベリン・ミサイルとスティンガー・ミサイル

緒戦、アメリカからの軍事支援の代表格といえば、対戦車ミサイル・ジャベリンと対空ミサイル・スティンガーだろう。双方とも軽量で、兵士が肩に担いで移動できる。

ジャベリンは、最大二五〇〇メートルの射程を誇る。

「投げ槍」という名の通り、戦車に向けて放たれると厚さ八〇センチの装甲板も貫く。熱センサーで見つけた目標を記憶し、発射後は弾頭の中にあるセンサーが捉えている映像と目標をチェックしつつ飛び、自動的に目標を破壊。つまり、兵士は発射直後に逃げられる。

一発、約一千万円だが、ジャベリンが次々と破壊したロシアの戦車は、旧式のものですら、一億数千万円。新型は四億数千万円もする。一発約千万円のジャベリンで数百台の戦車が破壊されたとすると、ロシアにとってあまりにも高い損失だ。

さらに、ウクライナ軍の防空網はロシア軍の航空機やヘリコプターを撃墜し、ロシア軍に得意の空爆作戦を許さなかった。これが、プーチンの作戦を大きく狂わせている。

衝撃的な「渡河中のロシア軍の全滅」

ロシアは、緒戦さまざまな誤算から多くの戦車を失い、空軍の大型輸送機「イリューシンII-76」二機も失った。最初の一週間で、二千人とも、六千人ともされる死傷者を出してしまったロシアはキーウ攻略を諦めざるを得ず、四月「作戦は第二段階に入った」と言いつくろって、東部のドンバス全域の確保を目指すことにした。

部隊は東部方面へ移動し始めた。ドンバスに向かうにはドネツ川を渡らなければならない。英タイムズ紙はこの渡河を「今回の戦争で、最も激烈な戦闘の一つだった」と書いた。

五月八日、ウクライナ軍はあらかじめ川岸に集結するロシア軍の動きを把握し、偵察し、ロシア軍が浮き橋をかけられる場所を予測。ロシア軍が移動し始めると、曲射砲や空軍を動員して三本以上の浮き橋を破壊。

七〇台以上の戦車や装甲車も砲撃を浴び、約千人の部隊が全滅した。わずか一日で千人のロシア兵が死亡したのは初めてのことだった。

タイムズ紙は「橋の破壊がロシア軍に致命的な打撃を与えた」と評価した。

戦争犯罪

一日に千人……という文字を淡々と「事実」として書いていた自分に、愕然《がくぜん》とする。

ロシア兵は皆、悪なのか？

そうではないだろう。上官命令で仕方なく命をかけている若者の方が圧倒的に多いに違いない。

五月二三日、ウクライナ裁判所は、二一歳のヴァデム・シシマリン被告に終身刑を宣告した。

罪状は、非武装の市民を殺害した戦争犯罪。

「命令を受けて実行しただけだ」と被告は控訴。

戦時中、非武装の民間人を殺害することは戦争犯罪だ。拷問も、監禁も。

戦争犯罪を裁くことは重要だ。今後の悲劇を防止する効果もあるかもしれない。

ウクライナ当局の報道機関は、ロシア軍が撤退した地域で多くの民間人が意図的に殺害された証拠を確認しつつある。ロシア軍から解放した地域にいくつもの集団埋葬地があり、手足を縛られた大勢の民間人が撃たれて殺害された証拠があるという。

そんな行為が繰り返されてはならない。

子供を殺された母親の、くしゃくしゃの泣き顔を見るのは辛い。

嗚咽をこらえながら訴える父親の悲しみは、胸につきささる。

どんな状況下でも残酷なことをした人間は許されるべきではない、と心が叫ぶ。

しかし、それだけではダメなのではないだろうか。簡単に答えが出せる問題ではない。が、しかし…。

戦争犯罪は裁かれなければならない。国際法通りに。しかし、もし司令官を裁けないなら、もし命令を実行した兵士だけが裁かれるなら、やはりおかしい。傍受した通信やメモやメールを頼りに、誰が、何を命令したかをあぶり出し、責任の所在を突き止めなければならない。関わる人は常に「何が公正か」考えさせられることになるだろう。

その後、キーウの控訴裁判所は、シシマリン被告の刑を減刑し禁錮一五年とした。それを知りほんの少し、胸のつかえが軽くなった。真に責任を取るべきは、新米兵ではなく別にいる。

今も、多くのウクライナ人が、証拠集めや、記録する地道な作業に関わっている。この原稿を書いている二二年一〇月の時点で、ロシアによる戦争犯罪は四万件を超えたとされている。組織的に行われたと見られる性的暴行は四歳から八〇歳以上の女性に及んだ。しかし、どこまでたどり着けるのだろう。命令した将校まで特定できたとして当人を裁けるのか？

ショイグ国防相や作戦に関わった側近たちは？　彼らに国際的な司法の手は及ぶのか？

そして、プーチンだ。ＩＣＣ（国際刑事裁判所）はプーチンに逮捕状を出した。が、実際に逮捕できる可能性はとても小さい。

たった一人の人間の手に、何百、何千万人の命が握られている状況が、すでに異常なのだ。軍の高官ですら、不合理な計画に疑義を挟む余地のないことも。

だが、独裁政権というのは、そういうものだ。プーチンを裁けるのは、ロシア国民だけだ。

戦争というのは過酷なものだと割り切らなければ、大国のリアリズムに対処できない。こちら側もリアリズム（現実主義）で考え、辛くても、嫌でも、過酷な手段を実行しなければ、自分達の国が滅ぶ。家族が死ぬ。大切な人が死ぬ。

それでもやはり、数だけで語られてはいけない、一人一人の人間が介在しているのだということを忘れてはいけないのだと思う。被害者側にも、加害者側にも。

為政者は、結論を下すときには鉄の理性で厳しい判断も下さなければならないだろう。しかし、どこかに人間の心を持ち続けなければならない。

プーチンにそれがあったか？

ゼロコロナ政策の放棄で一〇〇万人を超える死者を出している習近平にそれがあるのか？

もし、私たちにできることがあるとしたら、プーチンのような独裁者が生まれないよう常に警戒し、できるだけ早くそれを阻むことだ。そして、万一、そのような権力者が悲劇的な結果を生む行動を計画していることを察知したなら、外交、政治、経済、報道、囲い込み、ボイコットなど、あらゆる手段で権力者が計画を実行できないようにすることだ。

悪い企みを知っていて、なお、何も行動を起こさない者は、その人に協力したも同じだと筆者は思っている。そういうことに無関心で、知らぬ顔をしている人も同じだ。

かつてヒトラーがユダヤ人虐殺を決めた重要な会議で、賛成したのはたった五％の人々だった。反対も五％近くいた。にもかかわらず、悲劇は起きた。

なぜか？

その他のほとんどの人々は『無関心』だったのだ。

何も悪いことをしていなかったかのように見える人々は、善良な父親だったかもしれない。その日を生きるため精一杯働いて、反対の行動を起こす余裕がなかっただけかもしれない。

ただ、無関心だった。――しかし、彼らは、賛成派の五％に良いように利用され、結局、坂を転げ落ちるようにユダヤ人の虐殺は決められ、実行されてしまった。

『無関心』だった人々は無罪か？　彼らに責任はないのか？

筆者は違うと思う。「知らない」ということは『無責任』なのだ。

「見ようとしないこと」、「考えようとしないこと」は、『罪』なのだ。

ゲーム・チェンジャー「ハイマース」とドイツの戦車「レオパルト2」の投入

夏になり、ウクライナ戦争の戦況は明らかに「様変わり」し始めた。

ハイマース（写真提供：共同通信社）

なぜか？「ハイマース」がゲーム・チェンジャーになったのだ。

七月二十四日、ワシントン・ポストは「ウクライナが、『アメリカ製の高軌道ロケット砲システム・ハイマースをつかって、ロシアの司令部や補給施設などおよそ二〇〇箇所を破壊した』と発表した」と報じた。ハイマースは、精密誘導ロケット六発を同時に発射できるロケット・システムで、トラック型の装甲車に積まれているので、素早く移動することができる。舗装道路なら最高時速八五キロだ。命令があれば、わずか二、三分で発射でき、その後は二〇秒で移動する。精密に攻撃し、敏捷に逃げ、敵の反撃を受けにくい。

ウクライナが、ハイマースでロシアの弾薬庫を破壊したのちは、ロシアの砲撃が一〇分の一に減り、味方の死傷者数が大きく減った。

ハイマースは、沖縄の島の防衛のため奄美にも配備されている。

ウクライナの反転攻勢

九月に入ると、ウクライナ側が反転攻勢を強め、次々と街や市を奪還し始めた。

一方のロシアは、兵力も砲弾も足りない。

北朝鮮から一〇〇万発の砲弾も購入した。ウクライナ侵攻以前には、世界中に兵器を売りまくっていた、あのロシアが、だ。北朝鮮から砲弾を譲ってもらうなど、プーチンにとっては、はらわたが煮え繰り返るほどの屈辱だったろう。

とうとうプーチンは「これはウクライナではなく、NATOとの戦争だ」と言い始めた。

それもそのはず、二三年春、アメリカのウクライナへの支援額は合計で約四兆円になる。

そのほかドイツはパトリオット・ミサイル防衛システムを譲渡。格段にウクライナの防空能力が高まる。さらに話題になったのが世界最高水準と言われるドイツの戦車レオパルト2だ。

この戦車のすごいところは、まず、深さ四メートルの水の中も走れる。（ボンドカーか⁉）

また、凸凹の道でも照準がぶれない。凸凹道を走る戦車の砲身の先っちょにちょこんと乗せられたビールの缶が微動だにせず、まるで接着剤でくっついているかのように留まっている映像を見た時には「CG？　いやいや、さすがドイツ製！」と唸《うな》ってしまった。

この戦車の供給が世界中のニュースになったのには訳がある。ドイツが供給する戦車の数は多くないが、NATO内にあるレオパルト2は二〇〇〇台以上。各国から今後かなりの数が供与される可能性があるのだ。半分の一〇〇〇台が供給されてもプーチンにとっては頭痛の種どころではないだろう。そういえば最近のプーチンは白髪が増えて覇気がない。

しかもG7広島サミットでアメリカが友好国からのF16の供与を許してしまった。ゼレンスキーが広島まで来たことへのごほうびだ。バイデンも岸田も対中国を見据え、このサミットは何としても成功させなければならなかった。バイデンが国内の債務上限問題の会談を後回しにしても、広島に自らやってきたのはその現れだ。

世界を代表する国々の首脳が揃って原爆資料館を訪問したこのサミットで、ロシアへの「核使用は許さない」というメッセージを明確にし、核戦力の増強を図る中国に対しても懸念が表明された。グローバルサウスの代表格であるインドなどの国々との親交も深め、ロシアへの経済制裁の抜け道をふさぐことにも腐心《ふしん》した。モディ首相は岸田総理との会談で「世界のどこであれ、力による現状変更の試みは許されないこと」、「自由で開かれたインド太平洋」の実現に向けて協力すると約束。しかも、ウクライナに「必要とされる限り十分な支援を行う」と宣言までしたのだから、プーチンにとっても、習近平にとっても不愉快極まりなかったことだろう。（ほぼ同時に開かれた中国主催の中国・中央アジア会議は、世界の主要国ではほとんど報じられなかった。）

このところロシアでは洗濯機やエアコンの輸入が二倍から四倍になっている。もちろん洗濯物が急に増えたわけではない。洗濯機に使われている半導体が目当てなのだ。

つまり、今ロシアの兵器のかなりの部分が「洗濯機用の半導体」で動いている、というわけだ。日用品用の半導体で、最先端のＮＡＴＯの武器と戦わなければならないプーチンの心中を思うと、たそがれの哀愁すら感じる。

ワグネルの反乱

二三年六月末、ロシアの傭兵部隊ワグネルが反乱を起こし、モスクワに進軍、モスクワへ二〇〇キロまで迫った。――世界に衝撃が走った。

しかし、反乱はわずか一日で収束。ワグネルの代表プリゴジンはベラルーシに向かった。この内幕は、実は、これまで傭兵の給料は一括でプリゴジンに支払われていたが、ロシア国防省が兵士一人一人に支払うシステムに変えようとし、それによって不利益を被るプリゴジンが行動を起こした。つまり、自分の懐に入る金をめぐっての条件闘争だったと推測される。その証拠に、プーチンは、支払われた資金の用途や、事前に計画を知っていた可能性のある軍副司令官などの汚職捜査を命じた。わずか一日の反乱だったが、プーチンの支配力に影が差し始めていることを象徴する事件だった。

第五章　ロシア、そしてプーチン

衰退する帝国
絶対権力者プーチン
戦争が長引くほど、ロシアの中国への依存が高まる

衰退する帝国

ロシアは老いた国だ。衰退しつつあると言ってもいい。

人口は減り続け、二〇二一年には一年で一〇〇万人も減った。目を引くのは壮年男性の自殺率の高さ。十万人あたり七十人を超える。これは世界一高い。医療レベルの低さやアルコール中毒の多さもあるが、何よりも将来に希望が持てないことが大きな理由だろう。

誇れるのが軍事力と、石油、天然ガス、貴金属などと言った一次産品の豊富さだった。穀物の輸出も、戦前まではロシアとウクライナで世界の約三割を担っていた。しかし、ウクライナ戦争で、世界第三位と目されていた軍事力にはかなりの疑問符がついた。

多くの人は驚くかもしれないが、国家としてのGDPは韓国より小さい。一人当たりのGNPも世界八二位で八一位の中国と肩を並べる。続くブルガリアやキューバ、レバノンとさして変わらない。ロシアによると、平均月収は約四万円。日本の約七分の一程だろうか。

ただし、オリガルヒと言われるプーチンの側近の収入は桁違いだ。プーチンの総資産は所有する豪邸やカジノの時価総額千四百億円。親族や信頼するオリガルヒ名義のものなど含めると一〇兆円から二〇兆円とされる。今回スイスが経済制裁に加わったため、プーチンばかりか別れた妻、娘たち、愛人の隠し口座も凍結。これには中国の共産党幹部が真っ青になる程のショックを受けた。習近平はもちろん幹部は皆、家族名義でかなりの資産を隠しもっているのだから。

絶対権力者プーチン

プーチンについては沢山の本が書かれているから多くは語らない。

彼は、スターリン以来の長期政権で、独裁的力を維持している。彼に逆らったオリガルヒは、すぐに権力の座を引き摺《ず》り下ろされた。私にとって最も印象的だったのは、エリツインに取り入り首相になった彼が、最初に手がけたチェチェンに対する過酷な弾圧だ。

チェチェン人による爆破テロを口実にチェチェンに大攻勢をかけた第一次チェチェン紛争。約十万人が殺された。チェチェン共和国の首都グロズヌイは、プーチンのせいで世界で最も陰惨な場所になってしまった、というのが筆者の記憶に刷り込まれた。

第二次チェチェン戦争と呼ばれる弾圧のきっかけとなった「モスクワ連続アパート爆破事件」というテロは、爆発直前にＦＳＢ（ロシア情報機関）の人間が目撃されており、実はチェチェン人ではなくプーチンが長官を務めていたＦＳＢの手によるのでは？　という疑いが濃かった。ことの真偽は今となっては確かめようもない。しかし、この爆発の真偽を探り、世に訴えようとしたジャーナリストは全て抹殺された。

チェチェンの人権問題に取り組んでいた弁護士を取材していた女性記者アナスタシア・パブ

ロワは、白昼堂々路上で射殺。アンナ・ポリストカヤはアパートのエレベーターの中で何者かに射殺された。のちにイギリスに亡命した元ＦＳＢのスパイ、リトビネンコ氏は、放射性物質を体内に取り込まされ、ロンドンの病院で苦悶ののち亡くなった。彼は著書の中で「アパート爆破はＦＳＢの謀略」と告発していた。同じジャーナリストとして、私は、当時、体が怒りに震えた。同時に、プーチンの恐ろしさを　鳥肌が立つほど身近に思い知った。「不都合な真実」に迫ろうとするものには、ためらわず、死を　というその冷酷さを――。

また、二〇〇二年、チェチェン独立派の武装集団がモスクワの劇場を占拠し、人質をとって立て籠った時、プーチンは人質が多数残る劇場の換気口に特殊ガスを注入、ガスで無力化されたテロリスト五十人は射殺されたものの、その倍をこえる人質一二〇人以上がガスにより死亡。プーチンにとり人質の命などどうでもよかった。一人の命は地球よりも重い、という某国首相にも同意しかねるが、民間の人質百人以上もの命を意に介さない暴力的措置もまた、許し難い。

寝返ったスパイの暗殺も引きも切らない。言論統制もどんどんひどくなる。

野党党首で、収監中に、汚職を追求する団体を設立しようとしたナワリヌイ氏は、毒殺されかけた。ドイツで治療された彼の体から、ロシアが暗殺手段としてよく使う神経剤ノビチョクが検出された。ノビチョクはなんと彼のパンツの中に塗り込まれていた。

なぜ、わかったかというと、回復したナワリヌイ氏が後日、ロシア政府高官を装って容疑者に電話。間抜けなことに、実行犯は「パンツの内側・股のところに仕掛けた」と誇らしげに答えた。これなら汗をかいて肌に吸収されるまで時間がかかり、捜査が難しくなるからだ。この音声はCNNに届けられた。やれやれ、今や下着もホテルの部屋に無造作に放って置けない時代になったらしい。

その後、彼は再びロシアに帰りプールや豪華な寝室があるプーチンの豪邸の映像「プーチン宮殿」を暴露。今は二重に囲まれた刑務所に収監されている氏は、二三年四月になって体調悪化。「ゆっくりと毒をもられている可能性」があるという。

プーチンは、絶対的な「力の信奉者」だ。権力を手放せば、危険に晒されることを知っているから、彼は何があろうと権力者の座に留まるしかない。コロナや暗殺に怯え、会う人間をごく少数に限ってきた彼の世界観はかなり歪んだものになっている気がする。西側、特にアメリカとNATOへの猜疑心はふくれ上がり、被害妄想と呼べるほどだ。最近は、エカテリーナ女帝などの歴史書を読み漁《あさ》り、最盛期のロシアの夢に浸っていると伝えられる。

しかし、ウクライナ戦争の戦費は一日、一〜二兆円という試算もある。

それに、国民はいつまで耐えられるのか？

プーチンの誤算に次ぐ誤算とロシア経済の悪化

今回のプーチンにとっての一番の誤算は、西側の結束の強さだったろう。

五日ほどでウクライナを制圧する。――ウクライナの一〇倍の軍事力を誇るロシアにとっては簡単な作戦のはずだった。しかし西側の対応は素早かった。

アメリカはじめ、様々な国のドローンや兵器が提供され、ロシアの地上部隊が攻撃された。

四月。キーウ近郊のブチャでウクライナ民間人の遺体が四〇〇体以上発見された。彼らは拷問され、殺され、遺体にはブービートラップまで仕掛けてあった。息があるかもと触れたり、埋葬のため遺体を動かすと爆発する。命を奪われた遺体の尊厳すら奪われていた。

これを見た国際社会の制裁はさらに厳しくなった。ＥＵは石炭の輸入を禁止。オリガルヒの海外の資産凍結も進んだ。彼らは海外に隠した資産を失い、贅沢品も手に入れられない。それでも、プーチン政権を支持し続けるのだろうか。実は、オリガルヒが、プーチンの首に懸賞金をかけたという情報も流れた。プーチンの暗殺未遂はすでに五回阻止されたという。今流れるプーチンの映像の一部は影武者だ。アメリカの研究所のＡＩは九〇％以上の確率で別人物と判定した。

ロシアの経済成長は落ち込み、ＩＭＦは二二年の経済成長率をマイナス三・四％と見込む。

ロシアの中央銀行ですら、マイナス二・九%と予測する。欧米の制裁が厳しさを増したためだ。これは、相当に厳しい。

EUは、二二年一二月、ロシアからの石油の輸入も原則禁止。

フィンランドの「エネルギー・クリーンエアー・センター」によると、侵攻後の一〇〇日間に、ロシアは化石燃料の輸出で九百七十億ドルの収入があったが、そのうちEUからの支払いが五百九十億ドルで、六一%を占めていた。まさに、この一〇〇日間に限れば、ロシアの戦費の大半がEUからの資金で賄《まかな》われたということもできる。

通貨ルーブルは下落し、国内のインフレは加速度的に悪化している。

通貨の価値を守るためロシアはガスを売っている国に、ルーブルで支払いを求めた。支払いのため、その国がルーブルを買わなければならなくなれば、為替市場でルーブルの値が下がりにくくなる、それにより、インフレが和らぐ、という仕組みだ。

しかし、ポーランドやブルガリア、ラトビア、フィンランド、オランダ、デンマークなどは、ルーブルによる支払いを拒否。そのためロシアは、これらの国への天然ガスの供給を停止した。

「プーチンの資源外交の罠」の発動だ。

七月二六日、EU加盟国は天然ガスの使用量を春までに一五%減らすことで合意。フォンデアライアン委員長は「プーチンによる全面的なガス途絶の脅しに立ち向かう断固たる一歩だ」とし、さらに減らす意志を匂わせた。

すでに西側各国は、ロシアの主だった銀行をＳＷＩＦＴ（国際金融取引を支えるネットワーク）から排除した。このため、ロシアからの海外送金、貿易の決済、海外投資は難しくなった。今の所、中国やイランなどが抜け道となってはいるが、この措置は、今後、真綿のようにじわじわとロシア経済の首を絞めるだろう。景気の後退はとっくに始まっている。

外貨建ての国債のデフォルトを起こしたため、ルーブルの信用は落ち、海外からの借り入れなど、資金調達の道もほぼ封じられた。輸入品を買うことも難しくなり、インフレの上、品不足になる。パンの値段が上がり、制裁により部品が入ってこないため、自動車などの製造も滞っている。トヨタは、ロシアから撤退した。一〇〇〇以上の欧米企業も撤退し、ロシア経済はボロボロだ。ダメージは長期間続くだろう。一度去った企業はすぐには帰ってこない。

捕虜になったロシア兵は、日本のテレビ局のインタビューに「軍事訓練と言われ参加した。国境を越えたら攻撃されて、戦争だとわかった」と答えた。給料がもらえるので軍に入ったが、戦闘は望んでいなかったという。

八月末手記を発表したロシア兵は「ロシアの一方的な侵攻と知ったのは後になってからだっ

た。シャワーも、まともな食料もないまま戦場に行き、事務所などに盗みに入り、ジャムや蜂蜜、コーヒーなど野蛮人のように全て食べた。コンピューターの略奪は横行し、私自身も帽子を盗んだ」とし、軍の雰囲気は「大多数がこの状態にもプーチン大統領にも、軍歴のない国防相にも不満だ」と書いている。（ショイグ国防相は仏教徒で軍にいた経験もない）

予備役招集とロシアからの脱出

侵攻が始まってからわずか一ヶ月で兵士の四分の一を失い、二ヶ月で将官八～十人が殺害されたとされる。通常なら前線に出ることのない将官が前線にでた理由は、当初、ウクライナによるジャミングなどで、通信がうまくいかず混乱が生じたためだ。しかし、その殺害が効率的に行われたのは、ウクライナ側が、おそらくは西側の支援によって、通信を傍受し、詳しい情報を得て将官の位置を正確に知りえたからだ。

二二年九月二一日、プーチンは部分動員令を出し、予備役らの召集を始めた。

ロシアに動揺が広がった――。

「召集令状」を恐れた男性たちがロシアを脱出しようと周辺国へ向かった。航空券は瞬く間に売り切れた。道路はロシアから脱出しようとする車で長い渋滞が続いた。慌てた政府は、招集を逃れたものは一〇年の禁固刑としたが、それでも、国外へ向かう道路は渋滞が続いた。街では抗議のデモが起き、招集事務所への放火が続いた。

突然の「部分動員」によって、それまでは他人事だった「軍事作戦」は、自分がいつ巻き込まれるかわからない「戦争」という現実になった。それまでは知らぬふりをしていたロシアの人々だが、ウクライナでのロシア軍の惨状はさまざまなルートで、国内に伝わっていたのだ。

九月になってからのウクライナ側の反転攻勢で、ロシアは数千平方キロメートルの支配地を失っている。最重要の拠点ドンバス地方すら、脅かされている。

西側の推計では、侵攻開始の兵力は約一八万人だった。一〇月、ロシアの政府系メディアは「すでに九万人が死傷」と伝えた。つまり八ヶ月で二人に一人が死んだか、戦線に復帰できないほどの重傷を負ったということだ。


二三年六月までに一〇〇万近いロシア人がロシアから脱出したと伝えられる。

二分の一の確率で、死ぬか再起不能——そんな過酷な戦闘に、しかも戦う意味を見いだせない戦争になど行きたくない。当たり前だ。

多額の預金も引き出された。ロシア中央銀行は、九月に約七五億ドルが引き出されたとしている。大半がロシアから動員令の対象となる男性たちが逃げ出した時期に重なるという。プーチンの支持率は下がり、ワグネルなど傭兵《ようへい》に頼らざるをえなくなった。

プーチンは、今、まさに崖っぷちに立っている。この行き着く先はロシアの勝利か、核による大破局か、「世界中がロシアの勝利を祈るべきだ。ロシアの勝利か、核による大破局か、二つしかないのだから」。ロシアのオリガルヒ（新興財閥）の一人でナショナリストのマロフェーエフ氏はインタビューでこう語る。「勝てないと、プーチンは核兵器を使うだろう。負けるわけにはいかないのだから」、「ロシアが核を使わず敗北を受け入れると本当に思っている人間がいるだろうか」と。（フィナンシャル・タイムズ）

戦争が長引くほど、ロシアの中国への依存が高まる

ロシアの兵器のお粗末さも次第に明らかになってきた。ウクライナ国防省が、撃墜されたロシア軍のドローンを分解する映像を公開した。機体から出てきたのは旧式の日本製の一眼レフカメラ。それにフランス製の感熱モジュール。まるで、そこらの中古品を寄せ集めたかのようだ。もちろん、それがロシアの最新鋭品ではあるまいが、少なくともロシア軍が実戦で使っていたことだけは確かだ。

今回のウクライナ戦争は、サイバーやドローンが多用されるハイブリッド戦争だが、戦況を決定づけかねないドローンの質が、ロシアのものは西側のものより明らかに劣っている。

ドローンを制御するのは半導体チップとＡＩ（人工知能）なのだが、あらゆる近代的兵器の

質を決定づけかねない半導体の分野で、ロシアは西側にかなりの差をつけられているのだ。

ロシアには半導体の設計・開発企業はあるが、半導体を生産できる企業はない。製造は台湾のTSMCに委託してきたが、アメリカの制裁によりTSMCはロシア向けの生産を停止。つまり、いくら優秀な設計図があっても半導体は手に入らない。

ロシアに残された道はただ一つ。

中国からの半導体輸入だ。実際、ウクライナ侵攻後、中国からの輸出は急増した。

中国は上海、北京、深圳などに巨大な工場を建設し、半導体の国産化を目指している。まだまだ、台湾や韓国にはレベル的に追いついていないが、政府の肝いりで、急速に力をつけてきている。このままウクライナ戦争が続き、ロシアが他に輸入先を見つけることができなければ（おそらくできないだろう）、ロシアの中国への依存はどんどん高まることになる。半導体は兵器だけではなく、工業製品全般の心臓だから。

これまで、ある程度拮抗《きっこう》してきたロシアと中国のバランスが、中国側に大きく偏ることは、世界にとってひどく危険なことだという気がする。

日本近辺での中国との連携

二二年五月二四日には、ロシアの爆撃機二機が中国の爆撃機二機と合同で、東シナ海から太平洋にかけて長距離飛行をおこなった。

六月には中国海軍のミサイル駆逐艦などが対馬海峡から北海道沖、伊豆諸島の海域を通過。同時に、ロシア海軍のフリゲート艦など五隻は対馬海峡を航行。北海道沖から沖縄本島と宮古島の間を抜けた。日本列島を周回するような動きだ。

日本周辺では中ロ両軍が連携を強めている。五月の爆撃機飛行の後も、六月、中国の艦船がロシアの艦船のあとを追う形で、合わせて八隻の艦艇が日本列島を周回した。防衛省はロシア艦の尖閣の接続水域への侵入は、「中国がこれを追って入る『大義名分』を与えるため、事前に示し合わせた可能性がある」としている。中国側が「ロシアの艦艇に警告した」と見せかけ、尖閣諸島の「実効支配」を印象付けるためだ。

七月四日には、ロシア海軍のフリゲート艦と、中国のフリゲート艦が相次いで、尖閣諸島近くの日本のEEZ（排他的接続水域）を航行。九月五日にはロシア海軍と中国海軍の艦艇合わせて六隻が北海道沖や日本海で機関銃の射撃訓練。九月、防衛省は、中国海軍とロシア海軍の併せて七隻が、一ヶ月ほどかけて日本列島を半周したと発表した。畳みかけるような威嚇《いかく》だ。

九月一五日には中国とロシアが主導する「上海協力機構」の首脳会議も開かれた。参加国はカザフスタン、キルギス、ウズベキスタン、タジキスタン、インド、パキスタンそしてイラン。（イランは二三年に機構に正式参加予定）人口だけで言えば、世界の半分近い。ただしGNPで言えば世界の二割だ。

プーチンは「露中関係はかつてないほどのレベルに達した」と中国との結束をアピールした。しかし、中国の対応は腰が引けていた。習近平はプーチンに巻き込まれるなんてとんでもないと腹の底で思っていただろうし、インドのモディ首相もまた「今は戦争の時ではない」と苦言を呈した。

中国はロシア産の天然ガスや石炭などの輸入を大幅に増やしたが、武器の供与には応じなかった。しかも、プーチンの目の前でキルギスとウズベキスタンとの鉄道建設の締結にサインさせてしまった。これは一帯一路構想の一部だが、ロシアのシベリア鉄道を使わずに済むロシア・パッシングに繋がりかねない。これを許さざるをえないことからも、ロシアと中国の力関係が中国側に傾いていることがわかる。かつてロシアの方が有利だった力関係は、完全に逆転した。

中国は、経済的利益はちゃっかり取り、人民元経済圏を広げる方向へロシアを利用するだろう。しかし、アメリカの経済制裁を受ける危険を冒してまで、軍事的にロシアに協力するつもりはない。そして、プーチンにそれを止める力はもはやない。

露中のトップが顔を合わせたこの会談後、ロシアは露中の海軍が太平洋で合同パトロールを開始したと発表。ロシア軍は「中国軍と協力し、日本海などで、敵の艦艇や航空戦力、それに潜水艦などから防衛する任務を実施する」として、中国との連携を強調した。ロシアは孤立していないというプーチンの精一杯のアピールだ。

　ついでになるが、この上海協力機構のディナーにはトルコのエルドアン大統領も出席した。西側陣営からは、「なぜNATOの一員であるトルコが敵陣営のディナーにでるのか？」という憤懣《ふんまん》噴出である。しかし、儲《もう》け話のありそうなところには必ず顔を見せるのがエルドアンなのだ。彼に「恥」という概念はない。「一帯一路」のヨーロッパへの入り口がトルコになる可能性が出てきた今、習近平にはしっかりアピールしておきたい。プーチンともガスを安く売ってもらう交渉もしておきたい。何しろトルコのエネルギー政策は原子炉からガスまでロシア頼りなのだ。

　先日ウクライナの穀物輸出を仲介したのは素晴らしいパフォーマンスだったが、（翌日プーチンは爆撃を再開したのだから、まさに『一瞬芸』だった！）何らかの利益をトルコにもたらす条件がついているはずだ。ここまでのし上がってきた彼の手法が、急に「人権重

プーチンとエルドアン
（写真提供：GPF — Geopolitical Futures）

視」に変わるはずがないのだから。そう思って見ていたら、案の定、破損したノルド・ストリームでは送れなくなった天然ガスをトルコ経由のパイプラインでヨーロッパに売り込もうという動きになった。（やっぱりね。期待を裏切ることのないしたたかさ！）

流石はエルドアンとプーチンのコンビである。その深くてダークな結びつきの味わいは、ぜひ、「エルドアンのトルコ」で味わっていただきたい。まことに、利にさとく、あくどい政治家の鑑《かがみ》のような「愛すべき」人物たちである。

ウクライナ戦争は長びく可能性が高い。ロシア国内の意見も割れ始めているようだ。しかし、今のロシアではまだ、すべてはプーチンの決断次第。プーチンの胸の内がはっきりするまでは、誰もこの戦争の行方を知らない、ということだ。

ロシア軍の死傷者は、すでにアフガニスタン侵攻の一〇年間での犠牲を超え、二三年二月ニューヨークタイムズは死傷者は二〇万に近づいたと報じた。遺族の不満やインフレなどで、国内では厭戦気分がますます高まる。外交官の辞任や、ＳＮＳでの発信がそれを裏付ける。

アフガニスタン侵攻の失敗がソ連崩壊の遠因だと見る学者も多い。

ソ連の撤退が一九八九年。ソ連の崩壊は一九九一年だ。

プーチン帝国はいつまでサバイバルできるのか。

II　迫り来る中国の脅威

第六章　『民主主義・自由主義』VS『権威主義・独裁主義』

歴史の転換点　ロシアの次は中国だ
台湾侵攻の予行演習？　ナンシー・ペロシアメリカ下院議長の台湾訪問と中国の嫌がらせ
米中覇権争いは歴史の必然
アメリカの「虎の尾」を踏んだ中国
習近平が押し進める中央集権と個人崇拝

歴史の転換点　ロシアの次は中国だ

私たちは今、歴史の転換点に立っている。

ウクライナ戦争は一つの転機ではあったが、長い闘争の始まりに過ぎない。大きな構図は、「民主主義・自由主義・人権・法の支配」を守ろうとする陣営と「強権的・独裁的政権」の間での競争だ。「民主主義・自由主義陣営」は長いので、西側陣営ということにする。

中国は、今ある世界の秩序を破壊し、自国を中心にした世界秩序を作り上げようとしている。**ロシアの次は、中国が最大の台風の目になる。**中国が本気で台湾を攻めてきた時、日本はどう巻き込まれるのか。そもそも、台湾への軍事侵攻は止められないのか。尖閣も、台湾も、南シナ海も、心配だらけだ。どうすれば、アジアの平和を守れるのか。

さまざまな兆候や各国の動き、シミュレーションを含め、集中的に中国の動きを見ていく。

台湾有事の可能性

現在専門家の間で最も関心を集めているのが、いつ中国が台湾に侵攻するかだ。

習近平は香港の民主化を強圧的に抑え込み、「一国二制度」も「高度の自治」も習の元ではありえないことが明らかになった。この失敗は大きい。習近平は、台湾を平和的に統一する可能性を自ら潰してしまったのだから。台湾の人々は、大陸に吸収されれば「自由な民主主義」はないと確信した。

習に残されたのは、武力による統一しかない。

習は、二二年一〇月の党大会で異例の三期目続投を決め、新たに二七年までの任期を得た。人事も、ライバルになりうる人材を全て蹴落とし、圧勝した。

しかし、実は人事で大成功を収めた影で、習は大きな成果を取り逃がしている。

習は、憲法より上の党規約に習への忠誠を示す「二つの確立」というスローガンを入れることに失敗した。習が固執したこれは、習の核心としての地位の確立、そして習の思想の指導的地位の確立を目指すものだったが、長老たちの必死の抵抗で阻止された。

「習近平新時代中国特色社会主義思想」を『習近平思想』と変更することもできなかった。もしできていれば「毛沢東思想」に並び立つものになり、習は毛沢東と同様『領袖』の呼称も手にするはずだった。つまり、習は「個人崇拝と総書記終身制への切符」は取り逃した訳だ。

現金なもので、それまでメディアで時々使われていた「人民の領袖」という表現はすぐに消えてしまった。習は次の五年間でより大きな成果を上げるか、さらに権力を集中させせなければ、執着してきた終身トップに居座ることができなくなったというわけだ。

これは、この五年間が、周りの国にとってはより危険なものになったことを示している。だから多くの分析は、二三年から二七年までに台湾侵攻が行われるだろうと見ているのだ。

ＣＩＡのバーンズ長官は二三年二月「習近平が『二七年までに台湾を侵攻する準備をするよう人民解放軍に指示した』ことをインテリジェンス（情報）として把握している」と明言。ただ「ウクライナに侵攻したプーチンの苦戦に衝撃を受け、不安になっている可能性が高い」とも分析。習の揺れる心のうちを推測してみせた。

台湾侵攻の予行演習？
ナンシー・ペロシアメリカ下院議長の台湾訪問と中国の嫌がらせ

中国がその牙を世界に改めてみせたのは二二年八月のことだった。

アメリカのペロシ下院議長が台湾を訪問した直後、人民解放軍は大規模な「軍事演習」を行なった。演習内容は練り込まれたもので、以前から周到に準備していた可能性が高い。

台湾の周り六か所で演習エリアを設定。台湾を封鎖し、アメリカの第七艦隊の救援を阻むことを想定している。演習には最新型のステルス戦闘機などが参加した。

演習開始直後には、台湾周辺に十一発の弾道ミサイルを発射。実弾を使った演習は台湾の領海に大きく食い込んでいた。台湾の「主権」を犯す明らかな「武力による現状変更」行為だった。

また、日本のＥＥＺ（排他的経済水域）に五発もの弾道ミサイルを打ち込んだ。

一発なら誤射もあり得るが、五発なら確信犯だ。驚くべきことに中国の外相さえこれを事前に知らなかった。日経新聞は「習近平が直接、最終決断を下した」としている。つまり、これは習からの「いざとなれば日本を敵に回す」というメッセージ、いや「台湾問題に関われば日本を攻撃する」と言う威嚇《いかく》と考えるべきだ。大体、事前の連絡もなくＥＥＺに五発のミサイルを撃ち込めば、その場で戦争にエスカレートしてもおかしくないのにだ。（日本を舐めるなよ！）

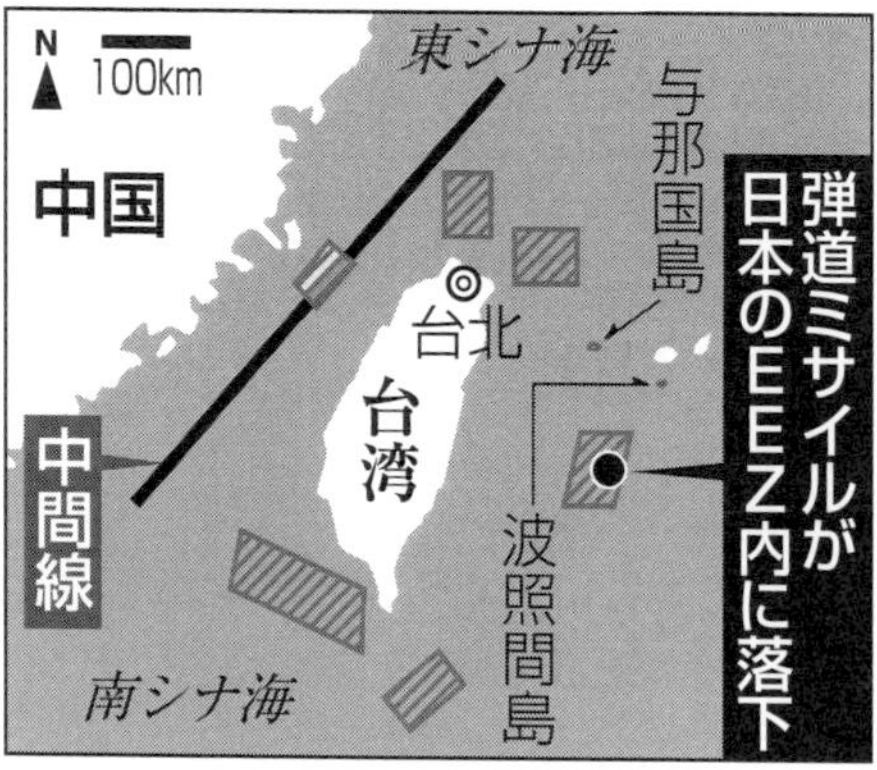

演習実施エリア

2022年8月の中国の大規模軍事演習
（図版提供：共同通信社）

中国は新型給油機を使用。空中で給油できれば戦闘機の飛距離がのび、作戦範囲を三割アップできる。台湾のはるか東方で米軍を待ち受けることも可能になることを見せつけた。

さらに、空母「遼寧」や「山東」を使い、台湾海峡と東側の両サイドから敵をはさみ打ちにする行動も見せた。台湾本島への上陸シミュレーションもあった。

台湾は「今後、演習と偽って台湾を包囲してから、実際に侵攻する土台固めではないか」と危惧する。

気になるのは中国が、これまで台湾との事実上の停戦ライン「中間線」を超えてきたこと。中国は「今後、中間線を越えた演習や警戒を普通に行う」と公言。「中間線」をなし崩しに無効にしようとしていると思われる。実際、一二月二五日までに五一三機が中間線を越え、台湾側に侵入。二日に一度の異常なペースだ。尖閣諸島へのサラミ作戦を思い起こさせる。これはもう、事実上の「武力による現状変更」以外の何ものでもない。

日経新聞によれば「米軍が国内手続きを終えて台湾に到着するまで七日程かかると中国は見ている」。ならば、米軍の到着前に、台湾を制圧する短期決戦を目指す演習と言えるだろう。

台湾の国防部によると、八日夕までに台湾周辺で中国軍の航空機三六機、艦船一〇隻が確認された。中国やロシアのアドレスからのサイバー攻撃も確認された。サイバー攻撃は一分間に、最高一億七〇〇〇万回にのぼった。実戦ではそれを上回るだろう。

台湾の現兵力は一八万人、約二〇〇万人と言われる中国軍の一〇分の一以下だ。多くの戦術家が「台湾への武力侵攻を行うなら、中国は一〇〇万人規模の兵を送る」と見ている。

台湾は、米軍が駆けつけるまで持ち堪えることができるのか。

台湾という「国」、それとも「地域」？

台湾は、ＧＤＰ七千七百二十七億ドル（約一〇四兆円）で世界二二位。

一人当たりのGDPが三万三千〇〇四ドル（約四百四十五万円）（二〇二一年、外務省）で、なにより、「産業の米」と言われる半導体の世界で使われる約五〇％を委託製造している。

領土、国民、効果的な統治機構を持ち、国際法上、「近代国家」としての条件を十分、備えている。

二一年にTPPにも加入申請を行った。日本は加盟を支援している。台湾は日本の新幹線を世界で初めて導入し、二三年に一二四〇億円で新車両を買ってくれる親日国だ。

米中国交正常化の際、アメリカは「台湾は中国の一部」という中国の立場に異を唱えないとした。しかし、一方で台湾への武器供給などを定めた「台湾関係法」も制定。台湾有事に介入するかどうか明言しない「あいまい戦略」をとってきた。「異を唱えない」とは、外交用語で「あなたがそう言っていることは認識した」という意味にすぎず、賛成したわけではない。

バイデン大統領は、五月に「台湾有事の際には、アメリカが軍事的に介入する」と明言。経済的にも、「二一世紀の貿易に関するイニシアチブ」を立ち上げ、今後、台湾との経済的な絆も強めていく姿勢を明らかにした。二三年六月、下院軍事委員会トップも台湾を訪れ蔡総統と会談。協力強化を確認。今後、台湾は米中対立の大きな焦点の一つであり続けるだろう。

なぜ、鋭い対立が、アメリカと中国の間に起こっているか

「自由主義・民主主義陣営」の筆頭はアメリカであり「権威主義的・独裁的陣営」の筆頭は

中国。そして両国の対立の本質は、アメリカと中国の「**覇権争い**」だ。

中国は急速に経済力をつけ、多額の軍事費を費やし軍事大国化し、南シナ海や東シナ海で拡大路線をあからさまにしてきた。技術力でも、アメリカを急追。アメリカは自国の覇権（世界の中で、リーダー的地位を持ち多くの国に影響力を持つこと）を脅かされていると感じ、政治だけでなく、経済、技術、軍事などあらゆる面で、中国の力を抑え込もうとしている。

問題は、その覇権争いは、米中二カ国の間の争いにとどまらず、多くの国々を巻き込んで、巨大な渦のように歴史を動かしてしまうだろうということだ。

米中覇権争いは歴史の必然

米中関係がここまで悪化したのは歴史の必然だ。それを理解するため少し時を遡ろう。

第二次大戦まではイギリスが世界をリードする「パックス・ブリタニカ」の秩序で世界は動いていたが、戦後、アメリカが力を増したことで「パックス・アメリカーナ」と言われる、アメリカを中心とした世界秩序ができ、世界はこの「パックス・アメリカーナ（アメリカによる平和）」を享受してきたように見えた。少なくとも、この数十年間は。

しかしこれに満足せず、アメリカを超えると言う野望を胸に力を蓄えてきた国があった。

それが中国だ。――中国は、最初、決してその野望を表に見せようとはしなかった。鄧小平は「十分に力を蓄えるまで、爪は隠しておくものだ」とし、門戸を開いてくれたアメリカやヨーロッパで、単純に経済発展を求める無垢な弟子のように振る舞った。

一九八九年の天安門事件では、一説に「三万人（イギリス公使の電報による）」と言われる国民に発砲。戦車でミンチ状になるまで死体を轢いて下水道に流して処理した中国を世界が非難した。しかし、多くのアメリカ人は中国が経済的に豊かになれば民主主義的な自由な国家になるだろうと甘く考えていた。そのため手を差し伸べたのが、中国のＷＴＯ加盟だった。

ＷＴＯ加盟は、中国の悲願だった。加盟できれば海外投資も呼び込みやすくなり、他国の技術や経営のノウハウを学びやすくなる。お人好しの日本は、天安門事件で世界から孤立した中国が国際社会に戻れるよう尽力。ＷＴＯ加盟にも力を貸した。ＯＤＡの政府援助も最大限に行ってきた。驚くべきことに二〇二二年の三月まで！　お人よしにも程がある。

ＷＴＯに加盟した二〇〇一年には、中国の貿易総額は、世界全体の三・六％。

中国は安い人件費を活かして「世界の工場」となり輸出を伸ばした。ＷＴＯ加盟後は、関税の引き下げなどにより急速に発展。特にＷＴＯ内で「発展途上国」として優遇策を受けたことが大きい。加盟当時、日本の三割だった中国のＧＤＰは二〇年後の二〇二一年には日本の三倍となった。

しかし、中国の人権抑圧は変わらず、ビジネスでのルールの遵守や民主主義への移行は一向に進まなかった。言論の自由は厳しく制限され、インターネットの中ですら、人々は自由にモノを言うことができない。他国からの批判には全く耳を貸さない。国内に進出してきた企業に対しても、勝手にルールを変える。

さらに経済力がつくと、中国は毎年二桁増という軍事費をかけ、軍事大国を目指し始めた。世界を脅かす存在になりつつも「発展途上国」としてのWTO内の恩恵は手放そうとしない。

中国の対外姿勢も変わってきた。

南シナ海で法外な領有権を主張し、南沙諸島で人工島を作り軍事基地を建設。ブルネイやマレーシア、フィリピン、台湾、ベトナムなどの反発を招いた。南シナ海は世界にとって重要な航路で、豊富な天然資源が眠っている可能性もある。

フィリピンは「中国の行動が違法である」という訴えを起こした。オランダ・ハーグの仲裁裁判所は二〇一六年、「中国が南シナ海を独占的に支配してきた歴史的証拠はない」とし、中国の、この海域のほとんどを自国の領海とする主張を認めないと判断。中国の「活動は国際法に違反する」とした。しかし、中国はこれを「紙屑だ」と一蹴。現在も活動を続けている。

中国の「拡大主義」は露骨になり、日本の尖閣諸島などへの干渉もひどくなっている。

中国にとって日本がどういう国であるか、いつも見ている地図を九〇度傾けて、中国の上に日本が来るようにしてみるとわかりやすい。（参考「筆者の切なる願い」の地図）

まるで、日本列島が、中国が太平洋へ出る出口の蓋になっているかのように見える。中国が太平洋に出るには、東シナ海か日本海を通り抜けなければならない。海洋国家として太平洋に進出しようとする中国にとり、日本が邪魔者であることがよくわかる。つまり、中国が太平洋への野望を持ち続ける限り、日本と衝突するのは避けられない。（日本がお引っ越しできない限り）

二〇一七年、習はトランプに「太平洋には中国とアメリカを受け入れる十分な空間がある」と発言。東をアメリカ、西を中国が管理し、太平洋を二つの国で分けようと言った。日本など存在しないかのような発言は、私たち日本人一人一人に不快な中国の驕《おご》りを感じさせた。

アメリカの「虎の尾」を踏んだ中国

二〇一三年、習近平は国家主席に選ばれた後「中華民族の偉大な復興」という言葉を使い「中国の夢」を語った。同時に中国人民解放軍国防大学教授によって書かれた「中国夢」という論文は、二一世紀に中国が世界ナンバーワンの強国になるためには「アメリカの弱みを研究し、中国のプランに西洋が気づいたらすぐに打倒できるよう準備しておくことが重要だ」とほのめかした。彼は「中国の夢の実現には一〇〇年かかる一〇〇年マラソンである」とも書いている。習の語った「中国の夢」と関連づけて「一〇〇年マラソン」と言う言葉が西洋にも広まった。世界ナンバーワンになるには、中華人民共和国建国から一〇〇年かかる、と教授は書いたのだ。

それに呼応するかのように、習は「中国製造2025」を発表した。次世代情報技術や新エネルギー車、宇宙などの分野で、製造業の高度化を目指し、中華人民共和国建国一〇〇年を迎える二〇四九年には「世界の製造強国の先頭グループ入り」を目指すと言う戦略だ。

習の唱える「中華民族の偉大なる復興」・「中国の夢」。世界ナンバーワンになるための「一〇〇年マラソン」と言う言葉。

とどめが、習がトランプに言った「太平洋を二カ国で分けよう」発言。

これらが、アメリカの強い警戒感を呼び起こした。

中国は二〇四九年にはアメリカを追いこそうとしている——。そう受け止められた。

これだけでも、アメリカには受け入れ難い内容だが、二〇一七年秋の共産党大会で習は、二〇五〇年までに「社会主義現代化強国」を目指すと宣言。つまり、世界のトップ、アメリカを追い越し、軍事、経済、外交のトータルで「世界の先頭に立つ」と宣言してしまったのだ。

実際に、中国は巨額の政府資金を投入。ハイテク分野での研究を進め、人材・論文の質と量・

トランプ（写真提供：共同通信社）

国際特許などで、アメリカを急追。分野によっては凌駕《りょうが》している。中国の強みは、工学を中心とした応用化学ですぐに産業に活かせるものが多い。政府の科学技術予算は、アメリカの二倍を超え、研究者数でも上回る。二〇一八年には国際的な科学雑誌に載る論文数でアメリカを上回り、世界トップとなった。二〇一九年には国際特許出願数でもアメリカを超えた。――アメリカが黙って見ているはずがない。

二〇一七年一二月。「中国が経済覇権を目指している」として、トランプ政権は国家安全保障戦略を発表。アメリカは、中国とロシアを「アメリカの安全保障や繁栄を損ない、これまでの国際秩序に挑む『修正主義勢力』」と断じ、両国が通常兵器と核兵器の近代化を進めているため「世界最強の米軍の優位は揺らいでいる。強国同士の競争の時代が戻ってきた」と危機感をあらわにした。

トランプ大統領は、その日の演説で「アメリカはこの競争に勝利する」と豪語。中国など打ち負かすと宣言したのだ。習近平は、まさに「ファイター」を自認するトランプの虎の尾を踏んでしまった。

そして今や「民主主義・自由主義陣営」と「強権主義・独裁主義陣営」がしのぎを削る形になったのだが、その行方が私たちの生活にどう影響するか気になる所。もし、「強権主義・独裁主義陣営」が勝利を収めたら、何が起こるか見ていこう。

もし、「基本的人権」がなかったら

例えば、アリババのスマホ決済アリペイを使ったらどういうことが起きるか。アリババは、当然あなたがどこで、どういう買い物をしたかを把握する。どういう病院に行き、どういう病気を持っているかも知る。ホテルに泊まれば、多くの情報と照らし合わせて、おそらく誰と泊まったかも知るだろう。それが、人に知られたくない病気だったり、都合の悪い相手だったら、その事実はあなたの「弱み」になる。アリババは、決済を通してあなたの趣味や行動範囲、交友関係、ほぼ全ての情報を得る。その情報を中国政府は手に入れることができる。

アリババはそんなことはないという。しかし、中国には「国家情報法」という法律がある。すべての中国人や中国企業は国家が情報を集めることに協力しなければならないという法だ。

従わなければ罰せられる。悪くすると潰される。つまり、アリババに拒否権はなく、中国政府が望めば、あなたの個人情報はすべて中国政府の手に渡ってしまう。あなたの弱みと一緒に。

そして、中国政府はその「弱み」を武器に、あなたの会社の技術や周りの人間の情報を渡すように脅してくるかもしれない。政治家・経済人・研究者なら行動を求められるだろう。中国に有利な行動を。

二三年六月、国立の産業技術総合研究所の上級研究員が、フッ素化合物に関する先端技術のデータを中国の企業にメールで送信、情報を漏洩していたとして、逮捕された。

彼は中国籍で、海外から優秀な研究者を集める「千人プロジェクト」に参加していたと見られている。彼自身に悪意があったかはわからない。

しかし「国家情報法」がある以上、中国人は国から情報提供を求められれば拒否することはできない。「千人プロジェクト」は外国人研究者、海外で活躍する中国人研究者に、多額の報酬と引き換えに技術や情報を流させているとされてきた。しかし、身近で、しかも国立研究所の上級主任研究員までもがその網にかかり、中国に情報を流していたことは、筆者にとっても大きなショックだった。「国家情報法」の恐ろしさを痛感する思いだ。（この技術は、なんとメール受信の一週間後に彼の妻が社長を務める中国企業が特許を申請。承認されていた！）

二三年一月一〇日、アリババ本社に政府公用車が列をなして入った。アリババ傘下の金融会社アントグループは、突如、創業者ジャック・マーが経営権を失ったと発表。彼の議決権はいつのまにか五〇％超から六％に下がっていた。アントもアリババ本体も、一夜にして共産党＝

政府が命令を下せる政府系企業になったということだ。アリババ帝国の崩壊は、他のIT企業に大きなショックを与えた。

これで中国政府はアリババが持つ一〇億人をこえるデータに堂々とアクセスできるようになった。ジャック・マー氏は、この政府による「乗っ取り」とも言える接収が行われる間、身の危険を感じ本国に帰ることができなかったとされ、日本やシンガポールで目撃された。中国では、目立ちすぎた企業のトップが海外で不審な事故死を遂げたりするケースが増えている。中国内では報道されずに消える人物の数はさらに多いのだろう。ジャック・マー氏のように、身の危険を感じ海外生活を送る人々を「潤」というらしい。漢字の読みの「ルン」という音と英語の「ｒｕｎ（逃げる）」にかけてあるのだと、情報通から聞いた。

日本やヨーロッパでそんなことが起こったら、すぐにプライバシーの侵害で大問題になる。しかし、中国やロシアではそうならない。それが、独裁的政権の恐ろしさなのだ。そこには正当な「人権」がない。

中国の街角には、すでに六億台を超える監視カメラが設置され、あなたの行動を監視している。マスクで顔を隠しても、最近では耳の形や歩き方の癖で判別できる。中国では、全国一四億人を一秒で特定できる監視システムの構築が進んでいる。あなたの行動は「天網（スカイネット)」という顔認証機能のついた監視カメラと通信ネットワーク、スーパーコンピューターで、二四時間監視されている。

あなたが政府に批判的なことをSNSでつぶやくと、政府お抱えのサイバーの専門家があなたを特定し、名前や住所や職業を公開する。あなたはすぐに友人も、働く場所も失ってしまう。

その上、「スカイネット」で監視されたあなたの行動はAIによって分析され「社会的信用スコア」で点数がつけられる。信号無視をすれば減点。借金の踏み倒しなど論外。スコアの点数が低いと鉄道や航空機のチケットさえ買えないというペナルティがつく。

通話履歴、購買履歴、交友関係、ネットでの閲覧履歴、全て政府に丸裸にされて「人間としての格付け」をされるのだ。交際相手、結婚相手にまで、政府が口を出す。確かに検挙率は上がり犯罪は減っているが、なぜそんな行動をしたか人の心のひだなど理解できないAIに点数をつけられ、「格付け」をされてしまう。そんな国に、あなたは住みたいか?

中国やロシアの話なのだから関係ない、と思わないでほしい。

すでに、世界中の独裁的政権の権力者たちは、中国の監視システムを取り入れ、通信なども中国の衛星網「北斗」を使い始めている。中国の発表を信じれば、すでに一三〇カ国を超える。

彼らは、今は、それを「買ってやっている」と思っているかもしれない。

けれど、それは、「プーチンの資源外交の罠」と同じだ。客として便利に中国を利用しているつもりで、いざという時に水道の元栓をひねるようにシステムへのアクセスを切られたら……。電話も通じなくなり、テレビも観られなくなり、鉄道や飛行機も動かせなくなってしまうかもしれない。ダイヤは乱れ、空港の管制塔も機能不全になり、水道も、電気も止まる。そんな生活に耐えられるだろうか。国民は不満を爆発させるだろう。

そうなれば、その国は中国の脅しに屈し、中国の言いなりになってしまうかもしれない。もし、そんな国が増え、世界の標準や世界のルールが中国やロシアのような国の手によって作られるようになれば、どんなに暗い世界になるだろう。

もし、「法の支配」がなかったら

「法の支配」と言えば、難しいと思うかも知れないが、私たちが当然のように思っている人権や自由を守ってくれるのに欠かせないものだ。

中国のように「熊のプーさん」(習近平に似ていると中国では思われている)のジョークをSNSで発信しただけで、逮捕されたくはないだろう。万引きと間違えられ逮捕され、拷問されるなんて絶対に避けたい。万一、逮捕されたら、きちんとした証拠のもとに公正な裁判を受けたいと思うだろう。そういうことを保証してくれるのが「法の支配」で、私たちが安心して暮らすのに欠かせない。けれど、中国にもロシアにも、そのほかの多くの独裁的な国にはそれがない。

例えば、トルコには「大統領侮辱罪」という罪がある。文字通りエルドアン大統領を侮辱した人間は逮捕される。一見、「法治社会」であるかのように見える。しかし、この法律で得をするのはエルドアン大統領だけだ。議会は大統領の言いなりで、法律はエルドアン大統領の望み通りに作られる。国民は何の利益も受けないばかりか、西欧社会であったら罪に問われるはずもないような罪状で、逮捕・拷問・監禁される。一人の権力者が、自分の都合の良いように勝手に法律を作ることができるのは、本当の「法治国家」ではない。

もし、「民主主義」がなかったら

「民主主義」がなければ権力者は選挙を気にする必要がなくなる。私腹を肥やすことに専念し、国民が望まない戦争も独断で始めることができる。プーチンのように。

もし、「自由主義」がなかったら

「自由主義」と言われてもピンとこないかもしれない。いろいろな意味で使われ、定まった定義はないから。まず「行動の自由」を見てみよう。

「行動の自由」

中国のゼロコロナ政策は中国監視社会の凄まじさを証明することになった。

二〇二〇年一月、人口一一〇〇万人の武漢の封鎖が始まると、人口の約半分が武漢を無許可で脱出した。しかし、カメラによる監視システムはその約五〇〇万人の足取りを特定。彼らは、連れ戻され強制隔離された。五〇〇万人を追えるシステム――ぞっとする。

また、各人のスマホに入っている「アリペイ健康コード」と言うアプリ。

ユーザーが個人情報や移動情報を申告すると、コロナ感染者データと照合され、感染リスクを青・黄・赤の色で表示してくれる。一見とても便利に見える。

ところが、ある人が親戚の結婚式に出るため街を離れようとしたところ、それまで緑だったコードが列車が市を出る直前に赤に変わり、仰天した。銀行の取り付け騒ぎを防ごうとした地方の役人が市内から人が出るのを防ごうとし、そのためアプリの色が突然赤に変わった。つまり、自分で申告せずとも、自分の居場所は政府に筒抜けだったことがわかった。

「政治的自由」

これがなければ「思想の自由」も「言論の自由」も「報道の自由」も無くなる。

トルコでは、二〇一六年七月のクーデター未遂事件のあと、ロクな捜査や、証拠の提示もされないまま、たった六週間で四万人以上が拘束され、その後、正式に逮捕された人は二万人を超えた。その後の半年間で、トルコ政府は、十三万五千人以上の公務員、警察官、軍人、四千人以上の研究者や教員を解雇・停職処分とした。彼らは一生危険人物として扱われる。

当然のように、解雇や停職に足る正当な理由は告げられなかった。エルドアン大統領の政敵ギュレン師と関わりがあったのではないか、という憶測のみが全てだった。政府を批判したジャーナリストは拘束されるか、解雇された。ＢＢＣによると、クーデター未遂事件直後の二ヶ月間で、一三一ものテレビ局、新聞社、出版社が閉鎖された。半年で逮捕、拘束されたジャーナリストは、百五十人近い。トルコでは今も八割以上のメディアをエルドアンの取りまきが握る。その後も、夫が「妻がエルドアン大統領を批判した」と訴えれば、警官が飛んできて妻を拘束するような状況が続いた。

二〇一七年一〇月トルコを訪れて取材した際「トルコは密告社会になり、息苦しい」との声を随分聞いた。その後トルコの友人から「エルドアンを侮辱した罪で逮捕された人の数がとうとう二千人をこえた」と聞き、ため息が出た。筆者は、そんな国では生きていけない。

「経済的自由」

ソ連の計画経済は破綻《はたん》し、国家も破綻した。やはり、人間の「自分が豊かになりたい」という根源的欲求を無視しては経済発展しないと分かったのだろう。中国の鄧小平は、改革開放路線で、より自由主義的方向を目指せ、と言った。

しかし、習近平政権になってから、民間企業は冷遇され、国有企業への援助が増大した。資金だけではない。「権威主義・独裁主義」の国では、経済のルールも政権のお達し一つで簡単に変わる。せっかく努力して開発した技術も、突然お上から「国有企業に差し出せ」と通告される。結果、中国経済の活力は削がれ、銀行からの融資で生き延びるゾンビのような国有企業が経済の重しとなっている。自由な発想が押さえこまれ、イノベーションも起こりにくい。

日本政府は、中国にある日本企業からの情報流出を警戒している。経済産業省は「中国が技術を渡すよう迫っている機械類は、日本が強みを持ち、ネットワークにもつながる重要なもの。設計段階でバックドア（裏口）などを入れられる仕組みがわかれば、情報が抜かれるリスクがある」という。現在、ハイテクで外国企業排除を進める中国政府は外国企業に中核技術を中国に渡すか、出て行くかの判断を迫っていて、多くの外国企業が中国からの撤退を考え始めている。

中国の本屋にずらりと並ぶ習の本

習近平が押し進める中央集権と個人崇拝

毛沢東を崇拝してやまない習近平は個人崇拝を強要するような施策をとり続けた。中国の記者たちは、習近平の政治思想に関するテストを受けなければならず、落ちると記者証は更新されなくなった。当然、党指導部への批判は、ほとんど不可能になった。

子供たちの授業にも習の思想の学習が盛り込まれ、小学生が一心不乱に暗記する光景がテレビで紹介された。真っ白な子供の心に、自分の名前を冠した習近平の思想を刷り込む姿は異様ですらある。

さらに問題なのは、政治全般が習の一言で全て決まってしまうような状況に陥ったことだ。習の指示がなければ、役人は怖くて動けない。問題が起きても素早く対処できない。新型コロナ発生時の対応が遅れた原因の一つに、この「習の指示待ち」の悪習慣があったと見られる。

習近平が頭を悩ます中国の治安の悪さ

中国の軍事費の伸びは二桁で、世界でも突出している。しかし、国内の治安維持や言論統制に使う「公共安全費」は、それをすら上回る。二〇年には二八兆円に上り、一〇年間で二倍に増えた。**何と日本の国防予算の四倍以上**。つまり、それだけ、暴動やテロが増えているということだ。

香港は象徴的で、世界で報道もされた。

しかし、あれほどの熱を持った民主化運動も、圧倒的な暴力の前にあっけなく幕を閉じた。しかし、香港ほどではなくても、政府に不満を持つ人々が外国メディアの目の届かない地方で、さまざまな形でデモや騒ぎを起こしている。その鎮圧、あるいはそれを防ぐために軍隊以上に金をかけた治安部隊が睨みをきかせなければならない状態だということだ。

西側陣営に、そんな国はない。それは、監視と暴力で国民を押さえ付けなければ、国が保たれないということだ。民主主義の国でそうなったら選挙で政権は倒れ、退場しなければならない。「権威主義・独裁主義」的な国ではそれがない。

中国では警察や人民解放軍は、国民を守るためのものではなく、共産党を守るためのものだ。その警察や特殊部隊の予算が増える、いや、増やさざるをえないということは、ゼロコロナ政策や経済の停滞、言論弾圧への国民の不満のマグマがたまりにたまってきている証だ。

二三年の共産党大会で習近平は「安全」という言葉を数十回繰り返した。

それは国民の「安全」なのだろうか、それとも、習近平自身の「安全」なのだろうか。ここでも、『異質な中国』の姿が浮かび上がる。

II　迫り来る中国の脅威

第七章　拡大する中国

建国七十周年の国慶節に見えた中国の二つの顔
ＦＢＩとＭＩ５からお墨付きをもらった中国のスパイたち
シャインマスカットとＬＩＮＥ、そして和牛
ＩｏＴを危険に晒すファーウェイ
ウイグル族の人口は二〇年後、三分の一が消えてしまう

建国七十周年の国慶節に見えた中国の二つの顔

二〇一九年、国慶節（建国記念日）である一〇月一日、世界は習近平が目指す二つの中国の顔を見せつけられた。七十年前毛沢東が建国を宣言したこの日、北京では十万人を動員し、史上空前の軍事パレードが行われた。

●パレードでは、大陸間弾道ミサイル「東風41」が初めて公開された。この最新型のミサイルは、アメリカのほぼ全土を射程に収める。もちろん、首都ワシントンも。核を含む十の弾頭を搭載でき、別々に誘導できる。おとりの「デコィ」が発射され、相手の目をくらます。移動しつつ、どこからでもアメリカを狙える。

●「東風17」は、最終攻撃のための極超音速の滑空機を発射できるハイパー・キラーだ。音速の五倍以上で低空飛行できるため、撃ち落とすのが難しい。

●「東風100」は、大型戦艦の攻撃用ミサイルで射程は二〇〇〇~三〇〇〇キロ。

●最新鋭ステルス戦闘機「殲20」やステルスドローン「採虹7」などは、米軍や同盟国のレーダー網を突破して攻撃することを狙っている。

●「東風26」は最新鋭の中距離弾道ミサイルで、グアムが射程に入るため「グアム・キラー」の異名を持つ。その他、長距離ステルス戦闘ドローン「利剣」や超音速の偵察ドローン「W

Ｚ８」など、これでもか、と言う最新兵器を見せつけた。

元航空自衛隊・航空教育集団司令官小野田治氏は「極超音速とステルス性能、無人機の技術を急速に発展させ、すでにアメリカを追い抜きつつある」と日本経済新聞に語った。ただし、これらが発表通りの性能を持つ証拠はどこにもない。何しろ白髪三千丈の国なのだ。

一般市民は遠くに追いやられ、ほとんど見ることができなかった。つまり、この中国の軍事力を誇示したパレードは、外国に見せつけ、脅すための「誇大広告だった」可能性がある。

習は「誰にも中国の歩みを止めることはできない」と自信満々に演説。建国七〇周年を祝うこの式典は、着々と軍備増強を進めてきた習の軍事大国実現への一里塚だった。

もう一つの「顔」の舞台は香港。

香港では若者たちがデモを行ったが、当局は一万人の治安部隊を配備。民主主義や個人の自由を求める国民を、暴力で抑え込む姿が、世界中のテレビに映し出された。

この日、世界が見せつけられた中国の二つの顔とは、「軍事大国化へ邁進する中国」と、「民主主義・個人の自由を制限し、香港の『一国二制度』を潰そうと断固たる意志を固めた中国」だった。

国家ぐるみのサイバー攻撃による技術や研究成果の窃取

素晴らしいことに、中国の「国家が主導して行うサイバー犯罪」には歴史と定評がある。米ブリンケン国務長官は「中国の国家安全部が『悪事を請け負うハッカー集団の生態系』を築いている」と言った。そして、「アメリカ政府や企業は知的財産の窃盗、ランサム・ウェア（身代金要求型ウイルス）による身代金の請求などで数十億ドルの損害を受けている」と。

悪名高い中国のサイバー集団「APT40」は中国国家安全省の指示を受け、アメリカ、カナダ、ヨーロッパ、中東地域の政府機関や企業、大学などのコンピューターシステムに侵入。欧米の情報機関から非難を浴びる。何しろ、政治局の会議で「重要な技術」と指定されるやいなや、すぐにそれを集中的に狙ったサイバー犯罪が始まるのだから、「国家ぐるみのサイバー犯罪」「国家戦略」と言われても仕方がない。

二〇二一年には、日、米、EU、豪州、ニュージーランド、カナダ、NATOなどが一斉に「中国をサイバー攻撃の攻撃源だ」と名指しして非難した。異例のことだ。それをせざるをえないほどに、中国政府とつながるハッカーが、世界で暴れ、経済活動の大きな脅威になっているのだ。

イギリスは「世界で二五万台を超えるサーバーに影響した」とし、少なくとも一二カ国でサイバー攻撃を行った中国系ハッカーらを訴追したことや、エボラワクチンの研究データが奪われたことも明らかにした。これはコロナワクチンの参考になるとして注目されていたと聞き、一発逆転を狙う中国にはのどから手が出る程欲しいデータだったのだろうと妙に納得した。

ＦＢＩは、メールソフトを攻撃し、遠隔操作できる仕組みを埋め込むなど中国の典型的な五〇の手口を挙げた。まるでＮＨＫの「ストップ詐欺被害！　私たちは騙されない」シリーズ。それほど、中国からのサイバー攻撃が私たちの日常生活に入り込んでいるということだ。

従来、「国の支援を受けた組織的なサイバー攻撃」が指摘されてきた三つの国があるが、目的はさまざまで、

一、ロシアは政治的撹乱

二、北朝鮮は暗号資産など外貨獲得(何しろお金がないから、外貨の半分はサイバーで盗む！)

三、中国は、産業情報を奪うケースが多いとされる。(西側に追いつけ、追い越せ!!)

確かに、それぞれの国の特性が表れていて、笑えてしまう。

しかし、中国のサイバー攻撃は、経済だけでなく、安全保障をも揺さぶる。

二〇年六月にはオーストラリア政府が、中国の関与が疑われる大規模なサイバー攻撃を公表。二〇年にインドのムンバイで起きた大規模停電も中国のコンピューターウイルスが原因の可能性があるとアメリカは指摘。もし、日本で大規模停電が起こったら大変なことになる。数年

前オバマ大統領と会談した習近平は「今後サイバー攻撃を行わない」と約束したが、その約束は守られていないどころか、攻撃は加速。私たちの目には見えない「サイバー戦争」は日々、苛烈さを増している。おかげで筆者は日本の通信回線に異常が出たり、列車の運行が大幅に乱れると、「すわ、サイバー攻撃か？」と心配する日々を送るはめになってしまった。

FBIとMI5からお墨付きをもらった中国のスパイたち

「工作員の能力で、中国は、ロシア並みになってきた」――凄いほめ言葉だ。スパイ小説でお馴染みのロシアのスパイは、世界でも指折りのレベル。しかし、二つの国の手法はかなり違う。

たとえば、海岸から砂を持ち帰れと指令を受けたとすると、

一、ロシアは夜間に潜水艦から数人だけを上陸させ、バケツいっぱいの砂を持ち去る。

二、中国は白昼堂々、沢山の人間を海水浴客としてビーチに送り込み、それぞれに少しずつ砂を持って帰らせ、結果として大量の砂を手に入れる。

というのだ。何かを思い出さないだろうか？　そう、尖閣諸島に何百隻もの漁民に扮した中国人が漁船でのりつける、島の周りを取り囲む、あの手法そのものではないか。CIAは「情報活動の方法に新しいカタチ」ができつつあるという。ロシアは、高度な訓練を受けたエリートのスパイを使うが、中国は『全社会』アプローチだ。二〇一七年に成立した『国家情報法』で、

「あらゆる組織と市民」が国の情報活動への協力を義務付けられているからだ」と。

アメリカ政府は中国の産業スパイは年間約八三兆円の知的財産を盗み出してきたとし、ＥＵは、盗まれた知的財産のおかげで、毎年約七兆円の損害を受け、六七万千人の雇用が失われていると推計。日本だけ無傷な訳がない。とほうもない損害になるのではと心配になる。

七月にはＦＢＩ長官とＭＩ５（英情報局保安部）の長官が異例の合同インタビューに応じ「中国のスパイ活動は、サイバーから工作員を使ったもの、内政干渉から、学術分野、我々の日常生活のさまざまな側面に入り込み、活発化している。中国が最大のゲーム・チェンジャーだ」と中国の脅威を強調。ＦＢＩは、平均一二時間に一件、中国関連の新たな捜査を開始しているという。

日本でも私たちの生活のあらゆる分野に入り込んでいるという例を六つ挙げておきたい。

シャインマスカットとＬＩＮＥ、そして和牛

●秋に食卓を飾る鮮やかなグリーンのシャインマスカット。
これは日本が開発した最高峰の果物の一つだ。筆者の大のお気に入りでもある。

試験開始から登録まで一八年。十三人の研究者が、この素晴らしい果物を作り上げてくれた。

しかし、シャインマスカットの種や苗はいつの間にか中国に持ちだされ、今や栽培面積は日

本の三〇倍以上という。農水省によると、正規に苗が購入されていれば、年間一〇〇億円以上の許諾料を受け取れていたという。

●今や日本中で使われている「ＬＩＮＥ」。その利用者の情報が、業務委託先の中国子会社から漏れていたことが発覚。ユーザーの決済情報一三万件以上が漏洩していた。

●日本の誇る和牛の受精卵と精液を、無断で持ち出そうとした中国人も逮捕されている。受精卵は液体窒素で冷凍され、大阪の港から持ち出されようとしていた。

研究費を投じ、時間をかけて高めた技術を盗まれ、勝手にコピーされては公正な経済活動は成り立たない。努力を重ねてきた農業関係者は、今も大きな損失をこうむっている。

●「曲がる太陽電池」――自由に曲がる太陽電池ペロブスカイトはとても薄く軽く、柔らかいので、どんな場所にも貼り付けることができる。柱にも階段の手すりにも貼り付け、あらゆる角度からの光を使えるので、雨の日でも曇りの日でも発電できる。

発明した桐蔭横浜大学の宮坂教授は「将来、都市全体が発電所になるのも夢ではない」と語る。しかも、生産コストはこれまでの一〇分の一以下。そんなすごい発明が日本で行われ二〇〇九年には論文も出ているのに、すでにその技術は中国に漏れ、量産が始まっている。

専門家は「ペロブスカイトの世界市場は二七年には二七〇〇億円以上」と予測。日本は今頃重い腰を上げようとしている。わざわざ大金と時間をかけて開発するのはムダ。盗めばいい。

――そんな考え方は公正な競争を重んじる西側の経済とは相容れない。

●中国の技術の進歩への熱意は大変なものだが、問題も起こっている。

例えば、日本は新幹線の車両と部品を中国に輸出し、現地生産をはじめた。日本のノウハウにアクセスできるようになった中国は、そのノウハウを使い、今では自国で新幹線と同様の製品を作りさまざまな国で受注するようになった。

例えば、当初日本の新幹線方式で決まりと思われていたインドネシアで日本に競り勝ち、中国が受注した。日本は事前調査をしっかり行い、ＯＤＡの金利を低く抑え六一億ドルで見積ったのに比べ、中国は五五億ドルと甘く見積り、かつ「インドネシア政府には財政負担や債務保障を一切求めず、技術も移転する」という破格の条件を出した。

ところが、いざ取り掛かって見るとコストは膨れ上がり、工事もなかなか進まない。結局、インドネシア政府の財政支援で賄《まかな》わなければならなくなった。未だ工事は完成せず、費用は七九億ドルをこえる見通しだ。（ジョコ大統領は怒っているだろうなぁ…。）

模倣品はしょせん、模倣品。日本の技術には「誠実さ」も含まれている。

●もっと深刻な例は、ＪＡＸＡ（宇宙開発機構）に対するサイバー攻撃だ。

留学生として日本に住んでいた中国籍の男性が二〇一六年から五回、氏名などを偽り日本の通信企業とレンタルサーバー契約を結んだ。このサーバーは多くのサイバー攻撃に使われた。

日本のサーバーなら疑われにくく、捜査も難しくなる。発覚は彼が中国に帰国した後だった。

彼は中国共産党員で、警察庁長官が「ＪＡＸＡへのサイバー攻撃に中国の人民解放軍が関与した可能性が高い」「攻撃は『Ｔｉｃｋ』というグループが実行し、その背景に中国軍の戦略支援部隊『６１４１９部隊』が関与した可能性が高い」と記者会見した。この男は、三菱電機やＩＨＩ、慶應大学など、防衛や航空関連に係る二〇〇もの研究機関や企業へのサイバー攻撃にも関わっていたと見られる。

日本の警察が「中国が国家レベルで関わった疑いが強い」と公表したのは初めてだ。メディアに具体的な部隊名を発表できるほどの証拠が固まっていたのだ。それでもこの男の罪状は偽名で契約した「私電磁的記録不正作出」の微罪。日本に今ある法律ではそれしか追及できない。

「日本は『スパイ天国』だ」と外国から揶揄《やゆ》されて当然だ。あまりに緩い。いや緩すぎる。

日本は急いで法律を作り、このような行為をしっかり監視し、罰せるようにすべきだ。

いまだに、「スパイ防止法案」という名に、時代遅れの警戒感を抱いている方々に問いたい。

今の日本が戦前と同じ、民主主義とは名ばかりの国だと本気で思っているのか？

友人や知人に、証拠もなくスパイとして逮捕され、拷問を受けた人間がいるのか？

今私たちに必要なのは、日本という国家が冤罪《えんざい》でスパイを作ると心配することではなく、他の敵対的な国から、日本の経済、政治、安全保障に関する重要な情報をどう守るかを考えることだ。それによって日本が経済的な損失をこうむらないこと。何より、国を売り渡すような情報を他の国に漏洩《ろうえい》させないことだ。それが私たちの平和な生活を守る基本だ。

国家機密に関しては「特定秘密保護法」がようやく成立したが、穴だらけだ。そもそも、盗まれる前に「特定秘密」に指定していなければ適用できない。刑は、重くても一〇年以下の懲役。「国家機密」を盗んだスパイに対し、諸外国が死刑や無期懲役という厳罰を科しているのに比べると、あまりに軽い。日本が国家の機密をいかに重視していないかよくわかる。

アメリカによる世界秩序が守られてきた間は生き残れたかもしれないが、筆者は、これから世界は、「ジャングルの掟」が支配する「弱肉強食の時代」になりかねないと思っている。中国やロシアのやり方はまさにそうだろう。しかも、独裁的国家の数は年々増えているのだから。

そんな時代、日本のようにひどく危険な国々に囲まれている国が、生ぬるい覚悟で生き残れるかどうか、冷静になって考えてほしい。日本の周りの国々は、とてつもなく利己的で厳しいリアリストだという『現実』と向き合ってほしい。

IoTを危険に晒すファーウェイ

これらの事件は十分に衝撃的だが、さらに大きなリスクになりかねない問題がIoTだ。

私たちの生活の中にはどんどん新しい技術が入り込む。中でも全てがネットとつながるＩｏＴが日々進みつつある。それを支えるのがこれまでと桁違いの情報を伝達できる光ファイバーや5Ｇ、ＡＩの技術だ。

二〇一八年にファーウェイの副会長が逮捕され、トランプ政権の真の狙いが明らかになった。アメリカが戦っていたのは、今後一〇〇年を見据えた「ハイテク技術の覇権戦争」で、ファーウェイは、「中国製造2025」に欠かせない通信分野の担い手だった。アメリカとイギリス、オーストラリアはすでに「安全保障上のリスクが高い」として政府機関や軍がファーウェイの技術を使うことを禁じた。日本もインドも同様だ。（我が家では一〇年以上前から使用禁止！）

ファーウェイは政府から補助金を受け、米「シスコシステムズ」の製品をコピーすることで開発費を抑え、世界シェアを広げてきた。社員の一人は米Ｔモバイルが開発した携帯電話検査ロボット「タッピー」の部品をなんとノートパソコン用のカバンに入れて持ち出したところを逮捕、起訴された。捜査当局は、ファーウェイがライバル企業から機密性の高い情報を盗んだ社員にボーナスを支給し、「会社ぐるみで窃盗を奨励していた」としている。ここに、公正な競争はない。

軍との繋がりも指摘され「国家情報法」がある限り、中国政府からの情報提供の要請を断ることもできない。ファーウェイの製品には、設計図にないバックドア（裏口）として使える部分が残されているという専門家の分析もあり、ヨーロッパの主要国でも、ファーウェイを５Ｇの基幹局に使用することに警戒が広がっている。

にも関わらず、途上国はもちろん、世界でのファーウェイの「５Ｇ」における快進撃は止まらない。北欧やイギリスは排除を決めたが、ドイツもフランスも結局「５Ｇ」の基地局からファーウェイを完全には排除できなかった。価格が安く、「ファーウェイを排除すれば、ヨーロッパの『５Ｇ』移行は数年遅れる」というのが理由だ。

日本とイギリスでは、安さでシェアを広げるファーウェイへの危機感から、肝要な部分でファーウェイを使わずに5Ｇの基地局を組み立てることのできるオープン・ラン・システムや、次世代の６Ｇを見据えた共同研究が始まっている。これが、安さに惹かれ、危険をあえて「見ないこと」にしている国々の動きを将来変えることになれば、「西側陣営」はかなり有利になるだろう。それまではリスクを抱えたまま、西側社会は走ることになる。

ＩｏＴで結ばれた生活の基本的インフラ、例えば水道や電気、ガス、それに高速鉄道や飛行機の管制システムに、ウイルスが入り込み、あるいはバックドアで自由に遠隔操作されることがあれば、社会はあっという間に混乱に陥る。その重大さが、なぜか大きな声で語られない。

想像してみてほしい。

山手線や新幹線が暴走したら、どれほどの混乱が起こるか。どれほどの人命が失われるか。一週間、電気やガスが止まれば、私たちの生活がどれほどのダメージを受けることになるのかを。

私たちは、便利さと同時に脆弱性《ぜいじゃくせい》も抱え込もうとしている。そういう時代、インフラを支える基幹システムの「安全性の確保」には、最大限の注意を払うべきだろう。

ロシアによってすでに五割もの電力がカットされているウクライナの冬がどれほど辛いか、我が身に置きかえてみればいい。地下鉄の階段に身を寄せ合って暖をとりながら過ごす夜の心細さはどれほど身に応《こた》えることだろう。それほどに大切なインフラを作る際、私たちは、万に一つのリスクも取るべきでないと思う。信頼できるシステムが必要だ。

たとえ、ファーウェイの部品が安かろうと、将来にわたっての『安全』を売り渡すべきではないと思うのだがどうだろう。『安全』は失ってから後悔しても遅いのだ。

今大きな問題になっているのがＴｉｋＴｏｋだ。ＴｉｋＴｏｋは中国バイトダンスが運営するスマホ向けの動画共有アプリ。手軽さから、一五〇カ国以上に一〇億人のユーザーがいると言われる。しかしアメリカでは「個人情報が中国政府の手に渡る」「中国政府による偽の情報拡散やプロパガンダが行われている」として禁止の動きが広がる。

モンタナ州では全面禁止。アプリをダウンロードさせた業者には一日一万ドルの罰金だ。すでに下院でも一般利用を禁止する法案が可決。三〇以上の州で政府支給の端末での使用は禁止。大学はWi－Fiから遮断する。

アメリカのユーザーは一億人近く、若者の反発は大きい。しかし、サウスダコタ州知事は「中国共産党はこれを使ってアメリカ国民の情報操作を試みている」と意に介さない。

インドはすでに国内で使用を禁じ、EUも職員の公用端末での使用禁止。カナダ、オーストラリア、オランダ、フランス、ニュージーランドも同様だ。イギリスは子供の個人データを違法に使ったとして約二一億円の罰金を課している。日本でも政府内で、機密情報が漏れるとの懸念が広がり、政府職員の利用は制限される。（お気をつけて！）


筆者は社会心理学を専攻したが、何気なく見聞きしていることの中にさりげなく差し込まれた意図的な情報がどれほど簡単に人の判断を狂わせるか、考え方に影響を及ぼすかに驚かされた。アメリカの社会心理学の実験では、少し前に他人の車の修理を手伝っている人を見た運転者は、次の場所で故障に困っている他人を助ける割合が増えることが証明された。

「イラクがクウェートの油田施設を破壊」というニュースの後に、関係の不明な「油まみれの水鳥」の衝撃的写真が公開されると、多くの人は、「イラクの環境破壊が油まみれの水鳥を生み出した」と脳の中で勝手に結びつけてしまった。

多くの実験が示す「結果」は、善良な人間がアウシュビッツでどれほど残酷になれたかを十分に証明していた。子供達が常に「酷く暴力的な動画」に接していると、彼らは暴力をごく普通のことと捉えてしまう。反対に「人を助ける人情もの」に接する機会が多ければ、困った人がいると助ける傾向が高くなる。私たちも、ＴｉｋＴｏｋの危険性には十分気をつけなくては。知らず知らずのうちに「自分の考え方が誰かに操《あやつ》られる恐ろしさ」を想像してほしい。

今、日本ではＴｉｋＴｏｋの一般利用は野放しだ。しかし、自分の個人情報が中国政府に流れる危険も避けた方が良いと思う。どんな形で利用されるかわからないからだ。

知らないうちに自分名義のキャッシュカードが作られてもおかしくない。現在、ＦＢＩはバイトダンスの従業員四人が、中国に批判的な記事を書いた記者二人の個人データを入手し、取材源を特定しようとしていたことを突き止め、ＴｉｋＴｏｋの組織全体を調査中だ。

監視社会の輸出への恐怖

イギリスで、中国のハイクビジョンとダーファ・テクノロジーの監視カメラの使用を禁じるよう、超党派の議員たちが提案、可決した。アメリカでは、両社の監視カメラシステムが、少

収容所外観（写真提供：共同通信社）

数民族ウイグル族の監視、弾圧に使われているとして、輸入が禁じられている。

新疆ウイグル族の問題は、いくつもの国際的人権団体が、「何百万人もが、巨大な監視機関に怯えながら暮らしていて、ものすごい人数が収容所で洗脳や拷問など、人格を破壊するような扱いを受けている」「国連は何もしていない」と、非難の声を上げてきた。

専門家は、約一〇〇万人のイスラム教徒が収容所に拘束され、数十万人が監獄に入れられていると主張。そこでは、肉体的、心理的拷問が行われ、人口を減らすために強制不妊手術や中絶がおこなわれているという見方で一致していた。

アムネスティ・インターナショナルによると、拷問の方法は、殴打、電気ショック、負荷の高い姿勢で『タイガーチェア』と呼ばれる鉄製の椅子に手足を縛り付け、数時間から数日動けなくする。睡眠を取らせない。体を壁のフックにかけるなどだという。

この世界的人権団体は「中国は、『地獄のような恐ろしい光景を圧倒的な規模で』作り出している」と世界に訴えた。

これに対応し、アメリカ、イギリス、カナダ、オランダ、リトアニアの議会は、中国で「ジェノサイド（集団殺害）」が行われているとし、アメリカ、EU、イギリス、カナダは中国当局者に制裁を課した。恐ろしいことに、強制不妊手術、中絶などにより、ウイグル族など少数民族の二〇年後の人口は三分の一ほど少なくなる可能性があるのだ。

収容所の様子がテレビで報道されたが、シャワールームからトイレにまで監視カメラが設置され、まさに一点の死角も無いよう作られていた。トイレにカメラがあること自体、すでに心理的拷問だと思うのだが、囚人の行動は全て監視され、発言は全て盗聴されていた。

逃げようとするものは有無を言わせず射殺された。収容所の場所は地図にも載っていなかったが、衛星写真で見ると、二〇一七年から一年で一一倍以上に拡大していた。ここで使われていたのが、まさにハイクビジョンとダーファ・テクノロジーのカメラだった。

弾圧されていたのは収容所の中の人だけではない。街の人も、スマホに「浄網衛士」というアプリが強制的にインストールされ、通話や写真などの情報が政府に筒抜けなのはもちろん、ネットの閲覧履歴、SNSのログも筒抜け。測位システム「北斗」が埋め込まれているので、一定距離以上家から離れると当局に通報される。全ての家の入り口にQRコードが貼られ、訪問者は全てチェック。行動の自由も移動の自由もない。

また、「ヒューマンライツウオッチ」によると「強制的な『検診』により、指紋、声紋、虹彩、血液、DNA、歩行パターンなど、あらゆる『生体情報』の採取が行われ、最先端技術を使った監視技術の実験場となっている」という。人権なんか全くない。

批判が世界中で巻き起こった後、ウイグル族の人々は新疆地区から姿を消した。中国の各地に強制送還され、工場や綿花農場などで強制労働をさせられている。ウイグル語の使用は禁止され、子供は親から引き離され、故意に、文化や伝統が断ち切られようとしているという。

アメリカは、安全保障や人権侵害に関わった企業などをまとめた輸入禁止・リスト『エンティティー・リスト』を作っているが、これには、ファーウェイはもちろん、ハイクビジョンやダーファ・テクノロジーだけではなく、「遺伝子データがウイグル族の追跡に利用されている」として、遺伝子データやクラウドを扱う企業、南シナ海の人工島や軍事拠点に関わった中国企業もずらりと並ぶ。

人権を無視し、人々を監視し、言論を封じ、軍事力という名の暴力で人々を意のままに操ろうとする社会、そして、それを支える中国の技術の輸出を止めようとする動きが「西側陣営」に広がっている。二〇一八年には、ファーウェイ一社だけでも、一〇〇カ国以上で七〇〇件以上の「ハイテク安全都市」プロジェクトを運営しているという（ブルッキングズ研究所）。どれだけの情報がファーウェイを通じて中国政府に吸い上げられるのか。その情報が、その国の大事な転機に悪用されないという保証は何もない。もし、中国政府がその国の将来を担う重要人物の弱みとなる情報を握っていたら、その国の運命が故意に変えられてしまうかもしれないのだ。もちろん中国に有利なように。

しかし、これほど厳しくしても「ＣｈｉｐＷａｒ（半導体戦争）」の著者、タフツ大学のミラー准教授は「中国をこれで抑止できるか？」の問いに、「短期的にはノーだ。中国が輸入できなくなる半導体は全体の数パーセント。電話やＰＣ用の半導体は輸入でき、中国は民生用に輸入した半導体を軍事用に転用できる。私たちは今、とても危険な状態にある。少なくとも今後二〜三年は軍事的な力学が中国に有利な方向に変化し続けるからだ」と厳しい見通しを示した。「一〇年かけて、アメリカとその友好国が有効な規制をかけることができれば、中国との技術的・軍事的差は広がるが」――と。

軍事バランスが中国に有利な方向へ向かうという今後二〜三年を私たちは無事にやり過ごすことができるだろうか？

そして、その後の一〇年、私たちは熱い戦争を避けながら、友好国と手を結び中国の暴挙を抑えていくことができるだろうか。私たちの平和で自由な生活を守るために。

第八章 「一帯一路」は、インフラ支援から入って軍事拠点確保を目指す

経済の先にある、中国による、中国のための安全保障

巧妙に隠された「債務の罠」

中国の夢・宇宙編

中国が導く「人類運命共同体」＝中国を中心にした人類共同体構想

中国が支払う特許使用料は中国が決めるべき？

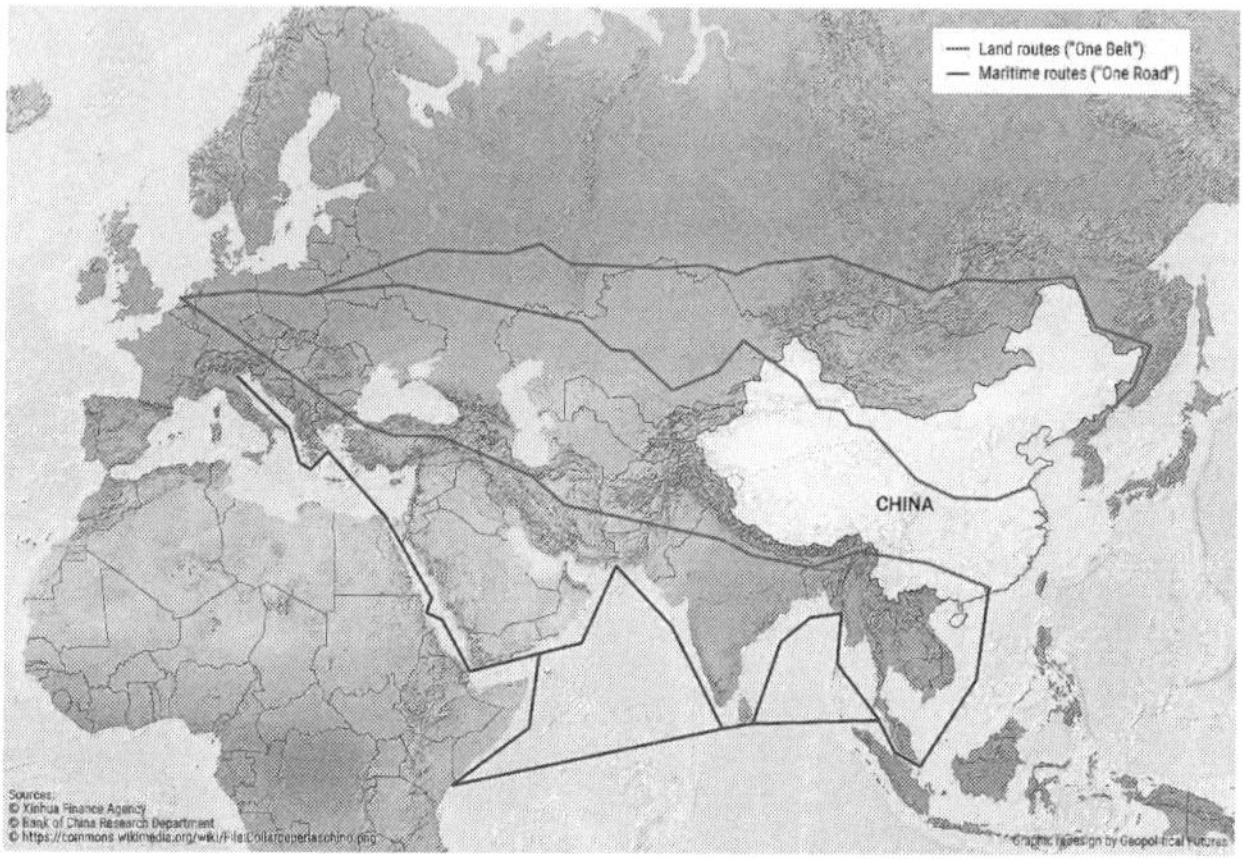

中国の一帯一路構想（提供：GPF — Geopolitical Futures）

今大きな批判を浴びつつあるのが、習近平が「世界のために」と鳴物《なりもの》入りで始めた「一帯一路政策」だ。中国から中央アジアを通って、ヨーロッパまで伸びる陸路の「一帯」と、東南アジア、インド、東アフリカからヨーロッパへとつながる海の「一路」。沿線国のインフラ整備に資金を貸し、人や物の交流で親中国の経済圏を作るという壮大な構想だった。

それ自体は悪いことではない。

実際、この構想に魅力を感じた国は多く、アジア、アフリカ、ヨーロッパのおよそ一四〇カ国が何らかの関わりを持つことになった。

経済の先にある、中国による、中国のための安全保障

しかし、実際は資金のない国に、とても返せないような多額の資金を貸し付け「返せないなら」と重要な港の運営権や中国にとって重要な石油やガスのパイプラインを敷く用地を奪ったりした。

その象徴的な例が、スリランカのハンバントタ港で、中国は借金のかたに九九年間の運営権を取得。他に、ヨーロッパの入口ギリシャのピレウス港などの運営権も手中にしている。契約ではこれらの港の使い道は中国に任されており、中国の船はいつでも自由にこれらの港を使うことができる。軍港として使われる恐れも多分にある。スリランカのハンバントタ港ではすでに、中国艦船への補給など軍事利用が始まっている。また、スリランカでは、港の近くの空港建設にも多額の建設費を中国から借りたものの、返済の見通しは全くたっていない。

また、ポイントとなる港や道路、鉄道を抑え、万一、アメリカなどによって海路の要衝《ようしょう》マラッカ海峡が封鎖されても、海のルートと陸のルートを組み合わせ、中国に石油などの戦略物資が運べるようになっている。まさに、経済から始まって、最後には中国の安全保障にたどり着く構想なのだ。支援された国々は次第に中国依存を深め、経済だけでなく政治や軍事面でも中国の影響力が大きくなるケースが多い。多くの場合、中国の権益を守るため、その国に中国の警察や軍人を派遣できる内容さえ契約に入っている。まるで、「二一世紀の植民地主義」だ。

たとえば、パキスタンはグワダル港の租借権《そしゃくけん》を中国に四三年間、譲り渡さざるを得なかった。

パキスタンは、現在、ひどい財政悪化でＩＭＦの支援を受けようとしている。

ラオスでは中国昆明からラオスを縦断、首都ビエンチャンまでの鉄道が造られた。費用の六割が中国輸出入銀行からの融資。しかし、昆明－ビエンチャンの列車は一日二本。乗客はほとんどいない。八月に運ばれたコンテナはわずか六〇〇〇個で、計画の二割にしかならなかった。中国のプレゼンとは全く違う。借金の返済どころではない。ラオスの対外債務は推定一〇四億ドル。対中国がほぼ半分。借金の担保はレアメタルの鉱山収入。ラオスは国の将来にとって貴重な鉱山を奪われることになるかもしれない。

ミャンマーに至っては、巨大な国会議事堂や旧首都ヤンゴンから新首都ネピドーへの道路など、インフラ整備を中国にほぼ丸抱えで頼った。ネピドーには片道七車線の道路まである。そんな交通量が本当にあるのかと疑問に思う。日本にだってないのだ。(万一の時には滑走路にもなるというのが「売り」だそうだが、それを使う時は政権が倒れる時だろうな…)

中国は、天然ガスや石油のための港の開発に一〇〇〇億ドル以上をミャンマーに投資している。軍事独裁政権と手を組み、雲南省とアンダマン海を結ぶ「中国・ミャンマー経済回廊」も推進中だ。中国の最終的な狙いは開発中の「チャオピュー港」。チャオピュー港は中国からアフリカ、ヨーロッパへの道のりを五千キロメートル短縮できる。

また、この港には雲南省からすでに二本の石油・天然ガスパイプラインがつながっている。中国にとり、戦略的に最も重要なものだ。いつか、アメリカとの対立がさらに厳しくなりマラッカ海峡が封鎖されても、南シナ海を米軍が抑えても、このパイプラインで中東やアフリカからればこの石油やガスを国内に運べる。深さがあるので軍艦やタンカーも横付けできる。さらに整備すれば、ここから艦船や潜水艦を出してアメリカなど敵国の艦船を迎え撃てる。

まさに中国の国内経済を救うためだった「一帯一路」

「一帯一路」構想の芽は、なんとリーマンショックにまでさかのぼる。

中国はこの時、約五七兆円の景気対策で国内のインフラ整備を行い、景気回復を行った。しかし、一〇年分のインフラ整備を一気に行なったようなものなので、一巡すると国内ではセメントや鉄が余り、職人の仕事はなくなった。なら、外国で使おうと「一帯一路構想」が生まれたわけだ。習が言ったようなごたいそうな「世界のため」ではない。

その証拠に、インフラ工事では中国で余ったセメントや鉄鋼が使われ、工事も中国人の手によって行われ、使われる機器は中国から買うことを義務付けられた。つまり、この構想は、国内問題を海外で解決し、かつ、中国の安全保障に結びつけるためのものだったわけだ。それを親切ごかしに、相手国に借金を負わせて行った。時代劇の悪代官なら「おぬし、ワルよのお。」とでも言う所だろうか。

結局、地元の国にはほとんどメリットはなかった。これではポケットに賄賂を入れた政治家以外の住民の反感が強まるのは当然だ。そのため、地元民が中国人を襲撃したり、工場やパイプラインが爆破される事件が相次いでいる。

巧妙に隠された「債務の罠」

何より問題だったのは、多くのケースで貸付が、その国が返せる額をはるかに上回っていたことだ。多くの契約内容は明らかでないが、キルギスの契約には「債務不履行の場合、あらゆる資産を要求できる」という条項が入っていた。実際、タジキスタンは大切な金鉱山の開発権を借金のかたに中国企業に取られた。

ＣＩＳ研究所の中央アジア部長は「中央アジアでの中国の狙いは、資源を買い叩くことだ」と断言した。中国との契約には多くの秘密条項があり、解約しようとすると異常に高いペナルティが課されたり、返済できないと天然資源の掘削権や不動産の開発権を奪われる。

欧米からも批判が噴出。ＩＭＦのトップは「一帯一路の名の中国マネーは対価を要求しない『タダ飯』ではない」と警告した。狙いは別にあるから気をつけよ、と言ったのだ。ＥＵもようやく「一帯一路は、中国の利益のみを追求している」と警告。今では、相手国を「債務の罠」に引きずり込み、無理やり「中華経済圏」を作ろうとするものだとの警戒感が強まっている。

金利も、世界銀行やＡＤＢ（アジア開発銀行）は一％程度だが、中国開発銀行は六％台。中国に借金した国々はひどく重い利子を背負うことになる。（「ワル」だよなぁ…。）

中国の夢・宇宙編

習近平による「中国の夢」はさらに広がる。

中国は、「宇宙強国」となるべく、まず、人工衛星「北斗」のネットワークづくりに励み、すでに静止衛星を含む五五基の衛星網を作り上げた。アメリカの裏庭とも言えるラテンアメリカで、パナマやペルーを中心に四十の港の支配権と十一の衛星用の基地も持つ。

「北斗」のグローバル衛星即位システムを使えば、アメリカのGPSなどを使わずとも、携帯電話のナビゲーションから漁船の測位、ショートメールまで可能で、将来的には車などの自動運転システムも担《にな》うという。

中国は、この「北斗」のナビゲーション・システムを一帯一路の沿線国にオファーしていて、中国の発表によれば、一三七カ国が「北斗衛星測位システム」を導入しつつある。この数字には疑問符がつくが、これまた「プーチンのエネルギー戦略」と同様、このシステムに頼りすぎると、思わぬところで首根っこを抑えられることになる。

しかし、科学通の知人によると「北斗システムの精度は一～二メートルの誤差があり、今の所、とても車などの自動運転に使用できるものではない」とのことだった。（ちょっと安堵！）

習にとり「宇宙強国」の実現は、アメリカと並ぶ国として世界にアピールし、国内での自らの権威をさらに高める狙いもある。中国は、独自の宇宙ステーション「天空」も建設。宇宙開発のトップは「三〇年に世界の宇宙強国の前列に立ち、四五年に完全な宇宙強国となる」とアメリカを追い抜く野望を掲げ、習は「中国の夢は次々と叶う」と誇った。

やれやれ、こういう大風呂敷を広げるからアメリカをますます刺激しちゃうんだけどなぁ…。

中国が導く「人類運命共同体」＝中国を中心にした人類共同体構想

これらの動きの底流には、「中華民族の復興」「中国の夢」を掲げる習近平の思惑がある。ほぼ同時に、彼は「人類運命共同体構想」を打ち出した。もちろん、リーダーは中国である。つまり、全人類は復興した中国の指導のもと繁栄すべき、という実に御立派な構想だ。

当然のことながら、各国から反論がすぐに起こった。インドは「国家主権と領土保全への懸念を無視した計画を受け入れる国はない」と表明。日本人だって謹んで辞退申しあげたい。

ヨーロッパでの「一帯一路の足がかり」として、欧州の一七カ国と中国の「一七＋一」が発足していたが、二一年にはリトアニアが脱退。台湾との関係を強化。さらに、ラトビアとエストニアが、ウクライナに侵攻したロシアを中国が国連の安保理理事国として非難しないのは問題だと「物事の見方が違う」ことを理由に脱退。「一四＋一」となった。今後、中国との付き合いは「民主主義やルールに基づく国際秩序、人権などの原則」が一致した場合のみという。どうやら習の「人類運命共同体」に入ってくれることはなさそうだ。

実際、中国は「一帯一路」の沿線諸国で、人民元の使用を強要したり、紛争の解決を中国に有利に運ぶための「中国第一主義」を押し付けたりしようとしている。

二一年の「中国の特色ある社会主義法治」五ヵ年計画には「国際的な争議の解決には中国の司法が最優先に用いられること。海外でも中国の規則が使われること」を目指すという非常識な項目が入った。（どんな国がそれを認めるというのだろう。まともでない国だけだ。）

国際社会からの批判にはすぐに「内政干渉だ」として反論する中国は、自国が、他の国の内政に干渉することは当たり前と思っているようなのだ。

異質な中国――知的財産権への無理解

以前から問題になっている知的財産権についても、中国は独自の観念（共産党至上主義＝共産党が認めるならば何でもあり）を他国にも広げていこうとしている。

習近平は、堂々と中央政治局の会議で「中国の知財法を域外でも提供すべき」と発言。

海外も中国の知財法に従うべきだ、と言っているのだ。友好国ロシアですら以前、中国に兵器を売り、数年後にはそのコピーを勝手に作った中国が第三国に売っていることに怒っているのだが、そういう常識はこの「世界の常識を知らない総書記」には通じないらしい。

禁訴令

二〇年、中国の裁判所は中国企業が他国の知的財産を利用していることに関し「中国企業に対する訴訟を他国で起こしてはならない」という命令を出した。これは「禁訴令」と呼ばれる。もちろん、海外での裁判を禁止する権利はどの国にもない。アホかいな、である。

しかし、中国に言わせれば、中国企業が支払うのだから特許権使用料は（外国の裁判所でなく）中国の裁判所が決めるべき、となるらしい。もちろん、その方が安くてすむ。この、あいかわらずの唯我独尊的発想には、いっそ感動してしまう。

しかし、中国で製品を作る企業や中国で商売する企業はどんなに馬鹿げていると思っても、中国の裁判所の決定に従わざるをえない。でなければ巨額の罰金。最悪、中国で商売を続けられなくなる。禁訴令のおかげでファーウェイやオッポ、シャオミはかなり少額の特許使用料で済ませているという。（これはズル。最近は「チート」と言います…。）

こんな国と長く付き合おうというのは、よほど立場が弱いか、目先の利益に目がくらんだ企業だけではないかと思うのだが、いまだにその数は結構多い。

ただしこの三年で、世界はコロナによるサプライチェーンの分断の手痛い経験をし、中国に頼りすぎる危険を痛感。中国人の給料は高くなり、他のアジア諸国の方が魅力的になった。しかも、中国は今後急速に人口減少が進む。マーケットとしての旨《うま》みも失っていく。

そんな中国が、自己中心的で、国際常識のないことを続けて行けば、経済のデカップリング（引き離し）が加速するのも遠くないことだろう。

負債が膨らむ中国インフラ大手

「一帯一路」の担い手として、海外の港湾や鉄道建設で世界三位に駆け上がった中国のインフラ大手「中国交通建設集団」の負債が膨らんでいる。

交通建設集団の新規受注国はアフリカや東南アジアの新興国が多い。アメリカの利上げによって起こった通貨安に加え、ウクライナ戦争でエネルギーや食糧価格が上がり、これらの国々で通貨危機のリスクが高まっている。「一帯一路」の目玉とされたパキスタンでは、二二年夏、三ヶ月もの間、国土が洪水で水没。三千万人以上が被災。債務不履行（デフォルト）の瀬戸際に立っている。パキスタンの債務は約一千億ドル。その三分の一が中国からの借金だ。G7は、中国に「債務問題を抱える低所得国を支援するよう要請」した。

「一帯一路」全体でも、新興国向けの融資の焦げ付きが増えている。

二〇二〇年から二一年に、中国が金利を減免するなどした債権は、約七・四兆円と一八年の三倍を超した。このため、中国は二〇年の貸出額を一八年の約四割に削減した。かつて、新興国を席巻した中国マネーに、今や、勢いがなくなっているのだ。中国の融資先であるトルコ、エジプト、ナイジェリア、ガーナなどは、すでに外貨不足に陥っていて、いつ通貨危機が起こってもおかしくない。

中国がこれまでにばらまいた一兆ドル（約一三五兆円）の行方を追ったハーバード大学の研究などを総合すると、中国が今相手が破産しないようさらに融資したり、返済期限を何度も先送りして貸し倒れにならないようつとめているのが分かる。

さらに、米欧日などから経済制裁を受けているロシアで、中国からの融資が焦げ付く可能性もある。こうなると、中国は他の低所得国への融資停止や、融資のひきはがしに走るかもしれない。例えば、中国が多額の融資をしていたスリランカは、観光業がコロナ禍の打撃を受け、独立以来初めての債務不履行状態に陥った。ラオスなどもギリギリの状態だ。下手をすれば、中国が新興国や低所得国の債務不履行ドミノの引き金を引く可能性すらある。一旦ドミノが始まれば世界中が「中国が作りだしたバブル」の崩壊にまきこまれる。

習近平の肝煎《きもい》りでスタートした「一帯一路」構想だが、国内の経済が悪化して「何故国内でなく海外に融資するのか」という批判も噴き出している。中国が抱える不良債権の山は国内にとどまらない。今や「一帯一路」は中国にとってもひどく厄介なものになりつつある。

II　迫り来る中国の脅威

第九章　西側陣営の反撃

貿易戦争から始まった米中覇権戦争

西側陣営の宣戦布告

「一帯一路」構想vs「自由で開かれたインド太平洋」構想

日の出の勢いでアメリカを急追した中国

「戦後の自虐的思想」からの卒業

貿易戦争から始まった米中覇権戦争

トランプ大統領が仕掛けた中国との貿易戦争は毎日のようにニュースになり、関税の掛け合いが報道された。アメリカと中国が今後五〇年の覇権を争う「米中覇権戦争」の始まりだった。

これは日本にとっても他人事ではない。なぜなら、米中が争っているのは経済だけではなく、5GやAIというデジタル競争でもあるからだ。

今、私たちの生活に欠かせない、インターネットやスマートフォン、さらにはそれを支える衛星のネットワークや海底ケーブル、スーパーコンピューター、未来の生活で必要になるすべての技術のリードをどちらが取るか、そして、それらの運用のルールを誰が決めるか、がかかっている。ITの世界では、多くの分野で、一歩先んじれば世界シェアの多くを握ることができる。たとえば、アマゾンやグーグル、メタのように。

そして、世界シェアの大半を握るものがルールを決める。もちろん自国に有利なように。

有利なルールを定めハイテク・デジタル競争に勝利すれば、経済のみならず、政治・外交・安全保障の分野で有利になる。それは、国家としての「覇権戦争」の勝利へとつながる。

アメリカも中国も、今後数十年にわたって、この「覇権戦争」を戦う覚悟だ。

これは、アメリカの上院、下院、国務省、国防総省、商務省、財務省、ＣＩＡなどが共有する「オールアメリカの意志」だ。アメリカは、「異なる価値観」を持ち続け「西洋とは異なるルール」で経済を動かし、ウイグル人に対するように「人権」を守らず、「技術は平気で盗む」という国に対して絶対に覇権を譲る気はない。

もちろん習近平指導部も同様だろう。

彼が終身、総書記でいられるかどうかはさておいて、彼が総書記の間に、台湾を併合し、アメリカと並び、できるならアメリカを超えたいと考えているのは間違いない。

だから、この「競争」は一時的に緩むことはあっても、必ず何かのきっかけで再発する。目に見える戦争という形をとるかもしれないが、目に見えないサイバー空間での凌《しの》ぎ合いや、技術や情報を盗もうとするものと守ろうとするもののせめぎ合い、プロパガンダをしかけあう「認知戦」は、日々、昼夜をとわず続いている。世界のどこか別の地域で紛争が起こったとしても、その多くがこの二つの国の覇権競争に関わるものになる可能性が高い。

アメリカは、中国が「もはや脅威ではない」と思えるまで、徹底的に中国の力を削《そ》ぐつもりだ。この戦いの渦《うず》の中に日本の経済や社会は否応なく巻きこまれる。私の頭の中には「あと五年早くアメリカと日本が手を組み、本気でことにあたっていたら…。」というある外交評論家の言葉が、呪文のように残っている。

「将来の行方が見通せないほどに、両陣営の技術力、軍事力は拮抗《きっこう》してきてしまったのだ」

――彼は、悲壮な顔をして筆者にそう告げた。――私達は勝てるのだろうか。

西側陣営の宣戦布告

これらの中国の振る舞いにまさに「宣戦布告」をしたのが、二〇一八年一〇月のペンス副大統領（当時）の演説だった。ペンス氏は、次の大統領選に出馬を表明している。当時も、信念は固いが、自己主張を見せる機会の少ないペンスの発言だったからこそ世界は注目した。少し長いが、西側陣営の言うべきことを簡潔に言い切っているので読んでほしい。

ペンス元副大統領（写真提供：共同通信社）

「ソ連崩壊後、我々は中国が自由化し我々とパートナーとなってくれると期待した。アメリカ経済への自由なアクセスを許しＷＴＯへの加盟を許し、経済的向上が政治的自由主義に拡大することを期待した。

しかしその期待は裏切られた。中国は経済的な攻撃を仕掛けることを選択し、軍事力強化に邁進《まいしん》した。

過去一七年間で中国のＧＤＰは九倍に成長したが、共産党は関税、通貨操作、強制的な技術移転、知的財産の窃盗など、『自由で公正な貿易』とは相入れない政策をとり続けた。

現在、共産党は『中国製造２０２５』計画を通じ、ロボット工学、バイオテクノロジー、人工知能など世界の最先端産業の九割を支配することを目指している。そのために官僚や企業に対しアメリカの経済的指導力の礎である知的財産をあらゆる手段で取得するよう指示している。中国の安全保障機関は、アメリカの技術の大規模な窃盗の黒幕だ。

また中国はアメリカの陸、海、空、宇宙における軍事的優位を脅かす能力の獲得を第一目標とし、アメリカを西太平洋から追い出し、同盟国に手を差し伸べるのを阻止しようとしている。中国の船舶は日本の施政下にある尖閣諸島周辺を定期的に巡回している。

南シナ海で『航行の自由作戦』を実施していたアメリカ海軍のイージス艦は中国海軍の艦艇に異常接近され、衝突回避行動を強いられた。

しかし、アメリカ海軍は国益を守るためにはどこでも作戦行動を続ける。

威圧されたり、撤退したりすることはない。

我々は『自由で開かれたインド太平洋』というビジョンを前進させるため、インドからサモアに至るまで地域全体で価値観を共有する国々との強固な絆を築いていく。

国内では他に類を見ない監視国家を築き、キリスト教徒、イスラム教徒に対する迫害の波が押し寄せている。

新疆ウイグルでは一〇〇万人ものウイグル人が収容所に投獄され『思想改造』が行われている。

海外では『借金漬け外交』を利用し、影響力を拡大させ軍事基地を作ろうとし、中南米三カ国には台湾との関係を断ち切らせようとしている。

アメリカの国内政治に干渉しようとし、秘密工作やプロパガンダ放送を流し、一見普通のニュース記事に見える広告記事を使い『悪意ある影響』をアメリカ国民に及ぼそうとしてきた。

アメリカは中国に手を差し伸べている。

中国がアメリカに対して新たな敬意をもって、言葉ではなく行動で示してくれることを望んでいる。しかし、中国との関係が『公平、相互、そして主権の尊重』を基礎としたものになるまで、我々が態度を弱めることはない」

ペンスの演説は、西側陣営に大きな衝撃を与えた。目の前で起こっていることが、中国との間の貿易赤字を縮小させるという小さな話ではなく、アメリカが総力を上げて、経済、軍事、技術力の優位を守る決意を固めていることが明確にされた瞬間だった。南シナ海などで行われている中国の国際法を無視した横暴を止めるためには軍事行動も辞さない、と「開戦宣言」をしたも同然だったからだ。

なんだ、トランプ政権の話じゃないか、と思わないでほしい。

バイデン政権は、中国に対する基本姿勢は、トランプ政権のものをほぼ踏襲している。

トランプがかけた膨大な貿易関税も、「見直す」と言いながらほぼそのまま残っている。

それどころか、バイデン大統領はウイグル自治区での人権問題を理由に、中国からの輸入制限を厳しくした。たとえば、ウイグルで採れた綿やトマト、水産品、太陽光パネルもウイグル地区での強制労働を理由に輸入保留となった。更に、バイデン政権は、人民解放軍に協力している疑いのある企業や監視技術の企業への投資の禁止も拡大。さらに「外国の敵対的勢力がアメリカ情報通信サービスのサプライチェーンに脅威を与え続けている」として『国家緊急事態』が延長された。中国の通信関連五社の禁輸も続く。(ファーウェイ、ZTE、ハイクビジョン、ダーファ・テクノロジー、ハイテラ)二三年六月が終わっても、未だ米中の国防相会談が行われていないのは、実は、中国の国防相が、アメリカの経済制裁の対象になっているからだ、という論評もあるほどだ。(国防大臣だもの。まあ、メンツというものがあります…よね。)

「一帯一路」構想 vs.「自由で開かれたインド太平洋」構想

実は西側陣営はかなり早くから、中国の脅威に目を向けていた。

その筆頭が日本だ。

二〇一六年には、安倍元総理が「自由で開かれたインド太平洋戦略」を提唱し始めた。

これは、世界貿易の大動脈である日本からインド洋を抜けるシーレーンや、今後の世界の経済成長の中心になるアジア――特に東アジアからインドに至る地域の平和と安定を守るための戦略だった。この戦略の背景には、中国の「一帯一路構想」で世界の大動脈であるインド太平洋地域、特にシーレーンが中国の支配下に置かれることに対する懸念があった。本質は「一帯一路」に対抗するための戦略だったと言っていい。

安倍は二〇一七年、来日したトランプ大統領にこの戦略への協力を約束させた。


その頃アメリカは、一国で西太平洋で中国と戦えば負けるかもしれないという瀬戸際にいた。

日本もまた、数々の横暴を腹にすえかねながら、やはり一国で核兵器を持つ中国と勝負することはできなかった。日米安全保障条約は冷戦終結後もずっと更新されてきたが、今ほど、アメリカ側がこの条約を必要とする時期はなかったのではないかと思う。

オバマ大統領は明らかに中国のハッタリを否定しきれず、対中国で何の手も打てないまま政権を去った。通称「グアム・キラー」と呼ばれる「東風26ミサイル」が太平洋の守りの要であるグアムを壊滅させることはないと信じることができなかったのだ。

グアムには太平洋の米軍の装備、弾薬などの集積基地があり、グアムが破壊されることがあれば、太平洋における米軍の行動は大きく制限される。

「ポリティカル・コレクトネス（政治的・社会的に正しいかを重視する考え方）」にとらわれたオバマ大統領の外交は、今や「空白の八年」と言われ、弱腰の外交が批判されている。彼は、その理性と理想主義ゆえ、リアリズムに徹した北朝鮮問題にも中国にも強い態度を取ることができなかった。

彼の遺した外交的功績の一つはＴＰＰ（環太平洋パートナーシップ協定）だったが、トランプ大統領の批准拒否によって構想は潰れかけた。しかし、日本はアメリカの抜けた穴を埋め、ＴＰＰ11を発足させ、守りを固めることに成功した。ＴＰＰ11は人口五億人、世界のＧＤＰの一三％を占める巨大な貿易圏だ。すでに、イギリス、台湾、中国などが追加の加入申請をした。イギリスと台湾は加入の条件を満たしているため、加入は時間の問題だ。

しかし、高度な貿易のルールが規定されているこの枠組みに、近い将来中国が参加することは、まず不可能だ。企業への政府による補助金や税制優遇の停止、プライバシー、知的財産権の保護など、中国が越えなければならないハードルはあまりにも高い。ＴＰＰの重要性は、「公正な競争をしようとしないものは受け入れない」という、この緻密な貿易ルールにある。

日の出の勢いでアメリカを急追した中国

当時、中国の経済は日の出の勢いで、盗んだ機密情報や、海外に派遣して研究に従事させ、その成果を持ち帰ることを任務とした「海亀族」は次々と中国で新しい企業をおこした。彼らは政府の補助を受け、半導体や人工知能、自動運転など先端技術でアメリカを急追していた。

世界のトップの科学者を引き抜く『万人プロジェクト』や「海亀族」を先進国に派遣して研究させ、その成果を中国に持ち帰らせる『千人プロジェクト』は成功し、世界の優良論文数やパテントの数はアメリカに迫るほどになった。輸入した製品を分解してコピーしたり、ハッキングにより各国の最先端の技術を「自国産技術」として転用することにもかなり成功していた。

習近平は「中国の夢」を語り、「一帯一路構想」を資金面で支えるためＡＩＩＢ（アジアインフラ投資銀行）を設立。加盟国は一八年夏には八七カ国にまでなった。

さらに中国は主要国の政治に関与し、金を使って思い通りになる政治家を国会や議会に送り込み、新聞やテレビでも、プロパガンダとは見えない形で、自国の考え方を世界に浸透させようとしていた。これに、最も敏感に反応したのが、オーストラリアやニュージーランドだった。ニュージーランドでは、最大野党党首が中国共産党から多額の資金を受け取り、立候補者リストに中国の推す二人の中国系ビジネスマンを加えたことが発覚。政治スキャンダルとなった。オーストラリアでは、中国からの資金援助を受けている政治家への懸念が高まり「外国政府や企業の代理人となるロビイストは登録された人物でなければならない」という法律が作られた。登録されていない人物が外国政府や外国企業の利益を図れば、犯罪となる。

アメリカの反撃

アメリカのリーダー層はオバマ政権の末期になるまで、アメリカが研究開発費をかけて育てた技術が、知らないうちに中国の企業や軍に（多くの場合）不正な形で取り入れられ、間をおかず、それが自国の軍事と経済の安全保障の脅威になるという『偶然』に気づかなかった。

しかし、トランプは、当選前から中国に狙いをつけていた。

これは、大統領選勝利を祝う台湾からの電話を受け、蔡英文を「総統」と呼び、ツイートで「台湾から祝いの電話があった。何と嬉しいことか！」と呟いたことからもわかる。

実際この日受けた電話は三カ国の元首からだったが、彼がツイートしたのは台湾のみ。

しかも、世界的には認められていない正式な国家元首を指す「総統」という敬称を使ったのだから、このツイートはかなり意図的なものだった。

当然、中国は烈火の如く怒る。しかし、中国にはトランプへの人脈も接触方法もなかった。

習近平がトランプと話せたのは、これに遅れること一二日。

トランプは、憤慨する中国を尻目に「アメリカは、台湾に何十億ドルもの兵器を売っているのに、おめでとうの電話を受けちゃいけないなんて興味深いな…。」とすっとぼけたツイートをした。トランプの中国への警戒感には、彼の腹心の部下ピーター・ナヴァロなどの存在が大きかった。ナヴァロは「米中もし戦わば」の著者だ。

トランプと安倍元首相（写真提供：安倍昭恵夫人）

しかし、アメリカの中国研究はロシア研究に比べ、ひどく遅れていた。

そのとき、資金力もあり、高度な技術力もある日本がトランプに近づく。日本ほど中国を知り尽くしていて、かつ、技術力や政治力を含め、さまざまな意味で中国と張り合う力をアメリカに提供できる国は他になかっただろう。安倍元総理とトランプのケミストリー（相性の良さ）は偶然だったが、絶大な効果をもたらした。

「人権」や「ポリティカル・コレクトネス」という理念で判断しがちなアメリカの政治的エリート達には理解できなかったトランプの扱い方にかけて、安倍は、非常に長《た》けていた。それまでのトランプの行動様式を分析しつくし、最初の会談から日本流の「理性と合理性だけにとらわれない曖昧《あいまい》さ・あうんの呼吸」で、彼の懐《ふところ》に飛び込んでしまった。

計算高いくせに単純なところのあるトランプはいつの頃からか「自由で開かれたインド太平洋」戦略は、自分で考えついたものと錯覚していたのではないかと思うほど、この戦略に忠実に駒を進めていった。以下はそのアメリカの動きだ。

二〇一八年五月には、米太平洋軍を「インド太平洋軍」に改名。

七月には、インド太平洋でインフラ支援ファンドの設立を表明。

一一月以降、安倍、トランプは「自由で開かれたインド太平洋」構想というビジョンの実現に向け積極的に世界に働きかけ始める。

中国に遠慮するASEANが受け入れやすいよう「戦略」はやめ、「構想」という無難な表現に変えた。この時点で「自由で開かれたインド太平洋」構想の柱は、次のように決まった。
①中国も排除しない。（表向き）
②「法の支配」「市場主義経済」という価値観を共有する国々の協力を柱に、日本、アメリカ、オーストラリア、インドの四カ国が主導する。

排除しない、とはいえ「法の支配」「市場主義経済」という価値観が柱である以上、中国は事実上このグループには入れない。この一文はアジアの国々が中国を恐れて協力できなくならないようあえて組み込まれたものだ。構想の底流に「一帯一路」構想に対する懸念が流れているのは明らかだった。この後、西側はこの路線で協力国を集め、連携する力を強めていく。

日本の動き

まず、日本は、軍事的方向性も変えていった。

安全保障協力を強化し、準同盟国を増やしていく方針を取り始める。

頻繁にオーストラリアとの首脳や防衛相会談が開かれ、フィリピン、ベトナム、マレーシアに巡視船の供与を行い、東南アジア諸国との防衛交流や海上警備能力の強化に向け取り組んだ。

二〇一八年春には、中国への傾斜を止めるため、安倍はイタリアに加え、ポーランド、チェコ、スロバキア、ハンガリーなど中東欧を訪問。防衛・文化・貿易・投資で協力を呼び掛け、中国の『債務の罠』への警告をした。

実は、イタリアや中東欧四カ国は、このときすでに「一帯一路」をめぐる覚書に署名していた。そこに日系企業や視察団を送り込み、再考を促した。すでにヨーロッパへの入り口、ギリシャのピレウス港に中国の軍艦が入港するような危機的状況だったから、この説得は急務だった。


夏には、日・米・豪三か国で、資金不足の太平洋諸国でのインフラ整備援助の枠組みを作り始める。それまでインド太平洋で大規模なインフラ支援ができるのは日本と中国だけだったが、アメリカ、オーストラリアが積極的になった意義は大きい。反感を覚えながらも中国の経済力に頼らざるを得なかったアジアの小国が別の選択もできるようになるからだ。

秋には、日・印・豪・米の外相会談を実現させた。これは、のちのＱＵＡＤへとつながる。

安倍は、どんな安全保障会議に出ても「『一帯一路』の経済援助がのちの中国の軍事行動につながる」という懸念を訴え続けた。

それにより、ＥＵにも「一帯一路の危険性」を認識させることに成功。その後、すぐにＪＩＣＡ（日本国際協力機構）とＥＩＢ（欧州投資銀行）の協力を実現させ、中国からの融資になびく欧州にストップをかけた。おかげで、ＥＵのユンケル議長（当時）は「中国は東欧に七〇〇億円投資したが、ＥＵは約二五兆円投資した」と誇るほどになった。

彼は「欧州・アジア連結戦略」を打ち出した。遠いが故に、中国に対する危機感が薄かったEUの姿勢をここまで大きく変化させた安倍の功績は大きい。それほど、安倍の中国に対する危機感が強かったということだ。

呼応するアメリカの動き

二〇一八年のペンス副大統領（当時）の「宣戦布告」後のアメリカの動きも速かった。

二〇一八年八月「2019国防権限法」を成立させた。これは、ファーウェイ、ハイクビジョンなどの中国ハイテク五社を標的に、これらの中国企業の製品を社内で利用している企業はアメリカ政府機関と取引を禁ずる、という厳しい内容のものだ。

二〇一八年一二月、「アジア再保障推進法」成立。（台湾への防衛装備品の売却推進など）

南シナ海での定期的な「航行の自由作戦」の実施

東南アジア諸国の海洋警備や軍事訓練の支援を開始。南シナ海での紛争回避に向けた行動規範を定め「ASEANによる海洋権益を支援する」と約束した。

また、産業スパイやサイバー攻撃に対し罰則を含む法律を作り、ルールに基づく経済秩序を目指す「インド太平洋戦略」を推進するとして、ASEAN諸国に安心感を与えようとしてきた。

シーレーンの要となるインドはこの構想の中でも要となる国だ。人口、経済の潜在的成長力、軍事力、中国との国境地帯をめぐる長い対立。――味方に引き込めば大きな力となる。

アメリカの「国防権限法」では、わざわざ一章を割いてインドとの関係強化を国に義務付けているほどだ。

長い非同盟主義の伝統があったインドのモディ首相が当時、毎年会談していたのは、実は日本とロシアの首脳のみだった。安倍は、インドの説得に力を入れた。

インドの近隣国であるスリランカもモルディブも中国の「一帯一路」の「債務の罠」にはまっていた。インドを囲むバングラデシュとパキスタンにも中国の手は伸びていた。インドとしても、もう見過ごせない。そして、一八年六月には、モディ首相もついに「自由で開かれたインド太平洋構想」について語るようになり、ＡＳＥＡＮ諸国を勇気づけた。

ウクライナ戦争でロシアの苦戦が続く中、インドは約五〇％と言われたロシア製の兵器への依存を減らし始めた。「インド国内でアメリカの兵器を生産してくれないか」という要請は西側陣営にとって大きな一歩だ。アメリカは戦闘機用のジェットエンジンをインドと共同生産する計画を進める。また、インドは中国に頼っていた国々に働きかけ、新しいサプライチェーンの一角に入り込もうとしている。

「戦後の自虐的思想」からの卒業

筆者の個人的考え方ではあるが、長い間、外交官のパートナーとして何十カ国の外交官や大使館と接してきて思うのは、日本はそろそろ「戦後の自虐的思想」から卒業すべきだということだ。多くのアジアの国々から、日本は信頼を寄せられている。外交の現場でも、実際多くのアジアの友人たちに助けられ、また頼られた。

筆者はポーランド大使夫人時代、約七〇カ国の大使夫人や女性大使のご主人が参加するSHOMという会の会長をしていたのだが、スリランカ大使夫人は「日本大使夫人である貴女が会長をやる。だから、どんなに忙しくとも私は協力する」と重責であるチャリティ担当役員にボランティアしてくれた。この献身には本当に勇気づけられた。そして偶然ではあるが、日本は今、デフォルトを起こし窮地にあるスリランカの債務再編の為、力を尽くしている。

日本という国への協力を態度で示してくれた国は数えればキリがない。――タイ、ベトナム、スリランカ、ネパール、インド、インドネシア、バングラデシュ、韓国……。彼らの協力があったからこそ、大国だけが、負担もするが利も得ていたSHOMという会を、かなり自由で、小さな国も力を発揮できる「大使配偶者の会」に変えられたと思っている。

イスラエル大使夫人時代に出会ったタイ大使夫人は出国直前、「私の人脈を全てあなたに託す。だから外交団の婦人組織の役員となって『アジアの声』を代表して発言してほしい。忙しくて大変なら、私たちアジアの夫人は協力を惜しまないから」と、渋る私を説得する為にわざわざネパール大使夫人とインド大使夫人を連れてきてくれたほどだ。彼女は婦人組織の役員を長く務め広い人脈を持っていた。

ポーランドでは、あまり言葉の通じないベトナムの武官が、日本大使公邸の催しには必ず来て、きっとほとんどわからない私の話にニコニコとうなずいてくれ、「一緒にやろうね!!」と私が盃を上げると、嬉しそうに乾杯してくれたものだった。(当然、何を一緒にやるのかは互いに理解していた。南シナ海を中国の自由にさせないことだ)

日本は戦後の自虐的思想に縛られて、責任放棄してはいけないのだと私は信じている。もし、償いたいのであれば、「しない」のではなく積極的にプラスになると信ずることを「やる」べきなのだ。

行動の伴わない反省やお詫びには、何の意味もない。

一緒に戦う仲間とは、一緒に汗をかかなければ、信頼の絆は結ばれない。逆に誠実に、責任あるリーダーシップをとり続ければ、信頼の絆は太くなり、共に前に進むことができるようになる。

私が接した多くのアジアの国が、大きな声では言わないが、中国の脅威を肌で感じ、頼れるのは遠くのアメリカより、歴史や文化を共有する日本だと思っていた。

個人やそれぞれの国の思いの濃度に違いがあっても、日本の存在はアジアで大きく意識されてきたし、期待を担ってきたのだ。アジアの人々の八割以上が「日本はアジアの平和に貢献している」とある世論調査で答えている。


外交とは「自国の国益を最大にすることを目的とする」ことが基本であり、他の国のために自国の国益を損なう為政者は国民を裏切ることになる。そんな為政者は失格だ。

だが、一国のみの国益を追求するよりも、幾分譲り合いながら連携することで互いの国益を共に高める結果が得られれば、より良い選択だと思う。長い目で見れば、与えることが、与えられることにもつながるからだ。

「アメリカ・ファースト」であってよいし、「ジャパン・ファースト」であって良い。というより、本来外交とはそういうものだ。ただし、自国の利益を追求する選択肢の中で、他国と協調することでより大きな国益を得られるのならば、その道もある。そして多くの場合、その方がより良い選択となると知っておくべきだ。

II 迫り来る中国の脅威

第十章 次々と築かれる中国包囲網

東南アジアで高まる「中国抵抗」の機運——アジアをめぐる綱引き

尖閣諸島をめぐる状況の悪化

「曖昧戦略」から「明瞭な抑止システム」へ

南太平洋で起こる断交ドミノ

西側陣営は、その後、インド太平洋地域の安定を守るために、さまざまな枠組みを作り始めた。台湾だけでなく、南シナ海、東シナ海が、米中の火種になる可能性も大きいからだ。

アメリカは、二〇一八年「台湾旅行法」を成立させ、米台の高官の相互交流を事実上解禁した。武器の輸出も飛躍的に増大させた。超党派の議員たちが台湾を訪れることで、中国を牽制することも続けている。さらに台湾への武器支援などを強化する政策も上院で可決された。

日米は、ＡＳＥＡＮ各国にも積極的に働きかけ、中国の「一帯一路」に対抗する「自由で開かれたインド太平洋」構想というビジョンを徐々にアジアに浸透させてきた。

テレビのニュースは、その時起こった事実だけはひょこり、ひょこりと伝えるが、以前に起こったこと、断片的事実を組み合わせて、長い時間軸の中で何が本当に進行しているのかまでは、教えてくれない。だからこそ私たちは、知り得た事実の断片をつなぎ合わせて、自分の身を守るために、実際に世界で何が起きつつあるかを自分で考えなければならない。

東南アジアで高まる「中国抵抗」の機運——アジアをめぐる綱引き

一国では大きな力を持ちえないアジアの国々は、中国からの脅しや目の前にちらつかされた金銭的恩恵や賄賂に揺れてきた。この国々を引きつけなければ、アジアの安定は望めない。

ベトナム、インドネシア、フィリピン、マレーシア、シンガポールそしてインド

中国は一九年八月に、ベトナムのEEZでガスの採掘を巡り、数ヶ月もの間、中国の艦船二〇～三〇隻とベトナムの艦船が睨み合いを続け、爆撃機や戦闘機も飛行した。その後もベトナムの漁船に巨大な中国船が体当たりしてきたり、放水したり、中国の横暴は続く。二二年になるとベトナムはインドとの防衛協力を強化し、兵器を含む軍の装備品の補修や補給で互いの軍事基地を利用し合う協定を結んだ。今後、協力は拡大しそうだ。

そのインドは、中国の勢力拡大を阻むため初の国産空母を就役させた。二三年半ばに戦闘機を搭載した完全運航を目指す。これまでロシア頼みだった兵器も、先端技術を持つイスラエルの防衛企業にインド進出を促し、イギリスやフランスと「防衛技術」の支援を約束した。

そこに加わったのがインドネシアだ。インドネシアのEEZ内に中国の漁船が頻繁に入り、インドネシア当局が拿捕すると、中国は武装した艦船を送り込み強引に奪還する。ここは「中国の海だ」と無理やり認めさせるためだ。剛を煮やしたジョコ大統領はベトナムに持ちかけた。「もはや我々が争っている場合ではない。共同戦線を組みましょう」。インドネシアは人口も多く一〇年後には世界トップ五の経済大国になると見られている。ベトナムは筋金入りの反中国で、中国から逃げ出すサプライチェーンの最も有望な避難先だ。

二三年六月天皇陛下ご夫妻がインドネシアを訪問。日本は大戦でオランダ領東インドを一時占領したが、インドネシアがオランダとの独立戦争を戦った時、残留日本兵はインドネシア軍と共に独立戦争を戦った。戦後も賠償やODAを通じ、国づくりを支援。ODAは二〇年と二一年の平均で日本がトップだ。インドネシアの日本への信頼は高まった。二一年の外務省の世論調査では九五％のインドネシア人が「日本は信頼できる国」と答えた。

筆者が最初に彼の国を訪れたのは三十年以上も前だが、泊めていただいた家でテレビを見ながら「インドネシアでは毎日、日本のニュースが流れるのよ。日本でもインドネシアのニュースが流れている？」と聞かれ、答えに窮した。その頃はまだ、インドネシアは日本で注目されていなかったし、ニュースに上ることはほとんどなかったからだ。「う〜ん、時々ね」と煮え切らない筆者の答えに、奥様が少し寂しそうな表情をしたのが忘れられない。

しかし、二億七千万の人口や天然資源を武器にしたインドネシアの成長力は大きく、購買力平価では、日本を急追している。今や、日本がこの国の成長力を取り込みたいと考えるほどだ。日本は、「自由で開かれたインド太平洋」の実現に向け、地理的にその真ん中に位置するインドネシアを重視している。（奥様にも、今なら胸を張って答えられそうだ！）

二二年一〇月、フィリピンは南シナ海の油田調査を開始。マルコス新大統領は、アメリカとの同盟関係を強化する。二月には米軍が使える軍事拠点を九ヶ所に増やした。台湾有事の際に米軍が使える基地が多くなる事は、中国の攻撃を日本の米軍基地に集中させないためにも、台湾に素早く応援に行くためにも、重要だ。燃料や弾薬の備蓄を進めるアメリカは「米比相互防衛条約」で、「南シナ海のどこでも、フィリピンの公船や航空機に攻撃があれば、防衛する」と明言した。リアルタイムで情報交換できる協定も結ぶ。

また、フィリピンは自衛隊との地位協定を結びたがっている。そうすれば自衛隊との合同演習などがしやすくなる。マルコス大統領は日本や中国の海洋進出に脅威を感じる国々を訪問。中国の経済援助になびいた前のドゥテルテ大統領とは違い、中国に厳しい姿勢をとる。

フィリピンは非常に興味をそそられるケースなので紹介したい。

前任のドゥテルテ大統領は、経済支援目当てに中国にすり寄った。人権無視の麻薬犯罪捜査を批判したアメリカへの面当てでもあった。彼は何回も中国を訪れ、多額の投資をするという合意文書を交わした。にもかかわらず、実現したのは半分にもならなかった。

一方で、人工島の軍事化や領有権を争う島々に勝手に中国の行政区を設置され、海上での威嚇も止まらなかった。せっかく前の政権が国際的な仲裁裁判所で「南シナ海をめぐる中国の主張には根拠がない」という全面勝利をもぎ取ったというのに…。ドゥテルテはそれを有効に使わなかったのだ。これは、フィリピン国民だけでなく、他の国々をも落胆させた。

これを近くで見ていたマルコス新大統領は、対中政策を一変させる。「我々の領有権が一インチたりとも踏み躙《にじ》られることは許さない」――アメリカとの関係もリセットし、二百四十人もの企業関係者を引き連れて、四日間という異例の長さで日本も訪問。日本からは約一兆七五〇〇億円の投資や援助を引き出した。実は直前、中国を訪れた時取り付けた投資の約束は二倍で、見劣りするかと心配したが、フィリピンの有力紙は「何十億ドルもの投資を約束しながら、狭いパシグ川の細い橋しか実行せず、我が国の排他的経済水域と国際的に認められている海域で、沿岸警備員を一時失明させた軍事レーザーを使うような国とは違う」と『日本からの授かり物』と題した社説を載せ喜んだ。中国は日本訪問の直前に、フィリピンが実質支配するアユンギン礁近くでフィリピンの巡視船に緑色のレーザーを照射し、乗組員の視力を一時失わせたばかり。明らかに、日本やアメリカに近づくな、という「警告」だった。しかし、マルコス新大統領は中国大使を呼びつけ、抗議をするという強硬な態度をとった。

中国という国は、なぜ学ばないのだろう。力で脅せば言いなりになる国ばかりではないことを。むしろ、それに反発し離れていく国があることを。

フィリピンはアメリカとの「訪問軍地位協定（VFA）」を更新。オーストラリアともVFAを結んだ。まもなく日本とも結ぶ。そうなれば、南シナ海での四カ国演習やパトロールができ、中国に対する抑止力は格段に大きくなる。二三年四月には米軍と過去最大の軍事演習も行った。

力強い仲間が増えたものだ。イスラエルで一緒だったフィリピン大使が喜んでいる顔が目に浮かぶようだ。彼は中国にすり寄るドゥテルテ前大統領のやり方に怒っていたから。

また、マレーシアのEEZ内でも中国の艦船が過激な行動をとり、マレーシア当局の船とにらみ合うなどの事件が続き反中感情が急激に悪化。マレーシアは天然ガスの生産国で、日本のLNG（液化天然ガス）の輸入の一三・六％を占める。日本は採掘や生産施設への共同投資などの協力で、緊急時に素早い調達ができるよう期待している。

アメリカは二〇二〇年、シンガポールの空軍・海軍基地を一五年延長して利用することで合意。台湾有事の際、シンガポールに基地を持つことはアメリカにとって大きな強みになる。

これらの動きは全て、中国が武力で「台湾統一」を目指すことへの牽制だ。

ミャンマー・ラオス・カンボジア・ブルネイは親中国の独裁国家

ミャンマーでは中国とミャンマーを結ぶ鉄道網が着々と整備されつつある。完成すれば、中国内陸部の製品をチャオピュー港から、ヨーロッパや中東に輸出することができる。

中国内陸部がインド洋と鉄道網でつながれば、中国内陸部の貧困問題を解決する手がかりになるかもしれないし、いざという時の石油などの輸入にも使える、中国にとっては非常に利益の大きい計画だ。また、チャオピュー港は軍事基地として利用される可能性がある。

カンボジアは完全に中国に取り込まれている。フンセン首相は多額の資金を中国から得て、中国をバックに権力を維持している。そのため、ASEANでの中国非難声明案には必ず反対し、ASEANはなかなか「ASEANとしての一つの声」を世界に発することができない。

コロナ感染者が発生して寄港する港がなくなった中国のクルーズ船が、もめにもめた末カンボジアの港に入港したのは、首相が中国に逆らえなかったからだ。(まぁ、あれだけお金をもらっていたらね…。) 中国はカンボジアで海軍基地の拡張工事も支援。バイデン政権はカンボジアを武器禁輸国に指定し、ハイテク製品の輸出審査を厳しくした。中国への横流しを防ぐためだ。

このように、日本のお膝元・アジアの国々でも、米中の激しい綱引きが続いている。多くの国が力を合わせることで、中国の侵食を食い止めようと必死なのだ。

日本の報道は、なぜ、こんなに身近で重大なニュースを報道しないのか、心底、疑問に思う。

尖閣諸島をめぐる状況の悪化

二〇年には、中国海警の一千トン以上の公船は八十二隻と二年で倍増。一九年には百三十隻となり、海保の巡視船(六十六隻)の二倍を超えた。中国海軍は、艦艇が装備するミサイル垂直発射装置(VLS)の発射口数が二〇年に二〇〇〇基を超え、日本の約一五〇〇基を上回った。しかも、長距離の対艦ミサイルで、日本のミサイルが届かない海域からも攻撃できる。

中国公船は「中国漁船の保護と監視」を名目に、頻繁《ひんぱん》に尖閣周辺に現れるようになった。海保が退去を警告した中国漁船は一九年に一四七隻と急増。そのため、日本の漁船は危険を感じ漁に出ることが減った。二二年、海警局の船が尖閣周辺の接続水域を航行したのは三三六日。ご苦労な事にほぼ毎日だ。二三年五月まで尖閣周辺では中国の艦船が一〇一日連続で航行している。中には機関砲のようなものを搭載している艦もある。

日本は「今の状況は、中国がフィリピンからスカボロー礁の実効支配を奪い取った時と状況が似ている」として、尖閣の守りを固めようとしている。（はずなのだが…。大丈夫かな？）

「曖昧戦略」から「明瞭な抑止システム」へ

台湾への圧力が強まり、南シナ海での中国の行動がますます高圧的になる中、中国が暴走しないよう、日本とアメリカが「見える形での抑止力」を形にしはじめた。これまでの「曖昧《あいまい》戦略」では、習近平がプーチンのように誤算をして台湾を侵攻してしまうと恐れているからだ。

ウクライナを攻撃したプーチンの心の中には、ロシアの未来が暗い、という焦りがあったはずだ。経済はエネルギーに頼るばかりで、他の産業は育たない。人口も減って行く。今、行動しなければロシアはジリ貧になり、やがて「面としての安全地帯」だったウクライナすら失ってしまうのではないか、プーチンがそう考えても仕方のない状況が続いていた。

コロナ禍で経済成長が鈍化し、国民の不満が膨れる中国。習がいつの時点でか、焦りを感じ国内をまとめる為に外に対して武力行使を考えてもおかしくはない。

それを防ぐためには「明確な抑止」と「明確な包囲網」が必要だという考えが主流になってきた。そしてそのために「中国の抑止力となりうるグループ」が作られつつある。

一、クアッド（QUAD）

二〇一九年には、日本、アメリカ、オーストラリア、インドの四カ国でクアッド（QUAD＝四つという意味）を発足させた。これは、中国を意識した、インド太平洋地域の経済的・軍事的枠組みで「法の支配」「民主主義」「自由主義」という価値観を共有する。

インフラ整備やテロ対策、サイバーセキュリティ、感染症対応など幅広い分野で協力する。クアッドはNATOのような軍事同盟ではないが、四カ国で合同軍事演習も行っている。四カ国のGDPは中国の約二倍。軍事・防衛費は約四倍になる。

二、オーカス（AUKUS）

二一年には、Australia（オーストラリア）、United Kingdom（イギリス）、United States（アメリカ）の頭文字をとった三国間の軍事同盟を作った。

アメリカとイギリスは、原子力潜水艦の機密情報をオーストラリアに与え、開発と配備を支援。太平洋の守りを強化しようとしている。いずれ、オーストラリアの八隻の原子力潜水艦が太平洋を守ることになる。現在のディーゼル潜水艦の使用も一〇年延長の方針だ。

南シナ海では、中国の潜水艦が米本土を射程に入れる弾道ミサイルを搭載し、攻撃に備えていると見られている。オーストラリアが南シナ海で中国の監視を担《にな》えれば、アメリカは自国の潜水艦を尖閣周辺など別の海域に回せる。最近、アメリカの制海権や制空権が中国によって脅かされることが多くなっている。潜水艦による『海中権』の重要性も増している。

しかし、潜水艦建造は、一番危険とされる二七年には間に合わない。そのため、アメリカはオーストラリアにまず原潜を五隻売却。かつ、完全配備までは米英いずれかの潜水艦がオーストラリアに定期的に配備される見通し。（それほど危機感は強い。）

三ヶ国はそのほか極超音速兵器の共同開発や自立型無人潜水機、長距離攻撃能力やサイバーセキュリティ、ＡＩ、量子技術といった先端テクノロジーの開発で協力する。

当然、中国はオーカスに対して「目的は、アジアのＮＡＴＯだ」と大きく反発している。

残念なことに極超音速兵器の開発に関して西側は中露に遅れをとっている。

米国防総省は、中国が二〇年には極超音速滑空できる中距離ミサイル「東風17」を実戦配備したと見ている。ロシアはウクライナで極超音速兵器「キンジャル」を使用、成功させた。

実は、極超音速兵器の開発や電子戦能力の開発で力を発揮できそうな日本に、オーカスへ参加しないかという打診もあったが、岸田総理は断った。

日本はアメリカとは軍事同盟、イギリス、オーストラリアとは「戦略的パートナーシップ」を結んでいるため、その範囲で協力することができる。無駄に中国を刺激する必要はないという判断だろう。日米は、極超音波ミサイルの迎撃システムの共同研究をすでに始めている。

三、ファイブ・アイズ（Ｆｉｖｅ Ｅｙｅｓ）

もう一つ、アメリカは、アングロ・サクソンのイギリス、カナダ、オーストラリア、ニュージーランドの五カ国で機密情報などを共有するＦｉｖｅ Ｅｙｅｓという準同盟国のグループを持っている。これらの国々は中国への警戒感を共有し、常にテロや軍事情報を交換しつつ協力している。日本の機密情報の取り扱いがしっかりできるようになれば、このグループに日本が入ることも検討されている。

正確な情報をより早く手に入れる利点は、安全保障上、計りしれない。情報の使い道は多様だ。偶発的な衝突での戦争を避けることもできる。日本は積極的防衛に役立てればいい。

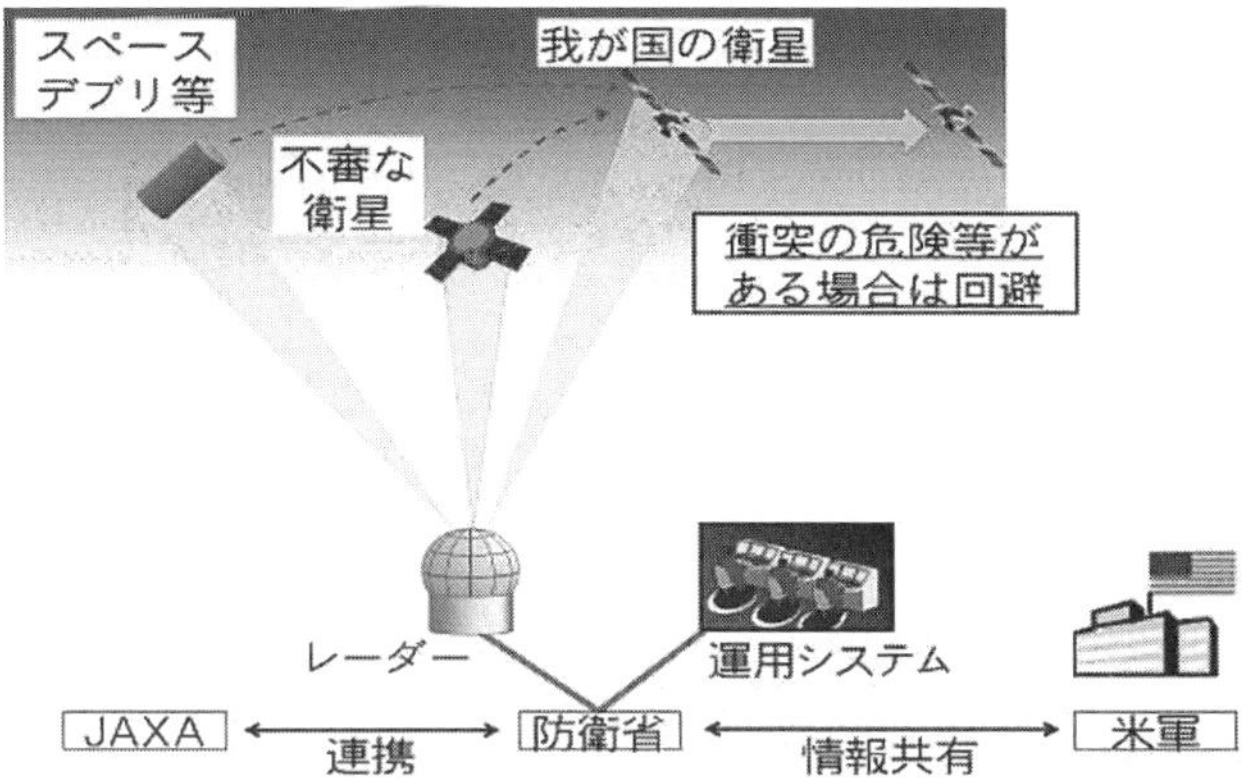

日本経済新聞

四、日米安全保障条約の現代化

日米は中国の脅威を痛感し、協力体制を強めている。

二二年一〇月の共産党大会で習近平は、台湾の併合について「外国勢力の干渉は拒否する」と強い言葉を放ったが、この外国勢力とはまず、アメリカ、そして次には日本を意味することを肝に銘じてほしい。ペロシ議長の訪問時の演習で日本のEEZにミサイルを打ち込んだのもその表れだ。

日米は、一九年四月には「サイバー領域に日米安全保障条約を適用すること」を確認。日本はサイバー防護隊を組織し、要員も二百二十人に増やす計画を立てたが、アメリカのサイバー部隊は六千人だったのだから、悲しいくらいささやかな計画だった。二三年、ようやくサイバー要員を四千人に増やす目標を立てたが、人材の育成には時間がかかる。

日米は「宇宙は第四の戦場」という認識も共有。日本経済新聞によると日本の衛星の協力モデルは右図のようになる。アメリカは「宇宙軍」を発足させ、日本は二二年、空自に「宇宙作戦隊」を新編成した。これは、スペース・デブリ（宇宙のゴミ）や不審な衛星の監視を目的とし、日米の情報は共有される。

五、TPP11（環太平洋パートナーシップ）

TPP11は世界のGDPの一三%、域内の人口は五億人に上る。二〇一八年からの五年で二六%の経済成長が見込まれる。世界で最も成長の速い自由貿易圏だ。（EUは六%）

加盟国は、オーストラリア、ブルネイ、カナダ、チリ、日本、マレーシア、メキシコ、ニュージーランド、ペルー、シンガポール、ベトナムに加え、二〇二三年三月にイギリスの加盟が認められ、一二ヵ国になった。これにより加盟国のGDPは約一九七三兆円となり世界の一七%になる。現在加盟申請中の国は中国、台湾、エクアドル、コスタリカ、ウルグアイだ。

また、グループ内で、ものだけではなく、サービスや投資の自由化を進める関税撤廃はすでに始まっていて、TPPに参加するメリットが理解され、加盟申請も増えた。知的財産権、金融サービス、電子商取引、国有企業の規律などで、二一世紀のルールを構築するための協定も結ぶ。アメリカが参加してくれれば理想的だが、関税を引き下げるという点がネックで、今の所バイデン政権も及び腰。しかし、今後のTPPの広がり方によっては参加の可能性も残っている。

六、ＩＰＥＦ（インド太平洋経済枠組み）

これら、クアッド、オーカスという多国間安全保障枠組みや既にある二国間防衛協定は「インド太平洋経済枠組み（ＩＰＥＦ）」などの経済圏構想によって補完される。

参加国は、アメリカ、日本、オーストラリア、ニュージーランド、韓国、ＡＳＥＡＮ七カ国、インド、フィジーの一四カ国。合計のＧＤＰは、世界の四割。これはすごいことだ。

中国抜きのサプライチェーンでのコスト増を抑え、各国の重要物資の在庫情報を共有、危機の際には互いに融通しあえる仕組みを作っていく。貿易、クリーン経済、公正な経済の分野で共通のルールを作ることも目指す。これだけの国々が必要に応じて協力できるならＧ７広島サミットで提言されたデリスキング（リスク低減）実現への第一歩になる。

七、日英の協力の強化

イギリスは、ＴＰＰ11が発足して最初の加入申請国で、加盟はすでに認められた。

ブレグジットでＥＵから抜けたイギリスにとっては、失われたヨーロッパ大陸との自由貿易を補うものとして必要なものだった。イギリスが先進的な貿易ルールや関税撤廃という高い規律を受け入れてＴＰＰに加入したおかげで、今後の先例となり「関税なしの巨大な自由貿易圏」を目指すことができる。すでに台湾、中国などが申請し、韓国やタイも関心を示している。し

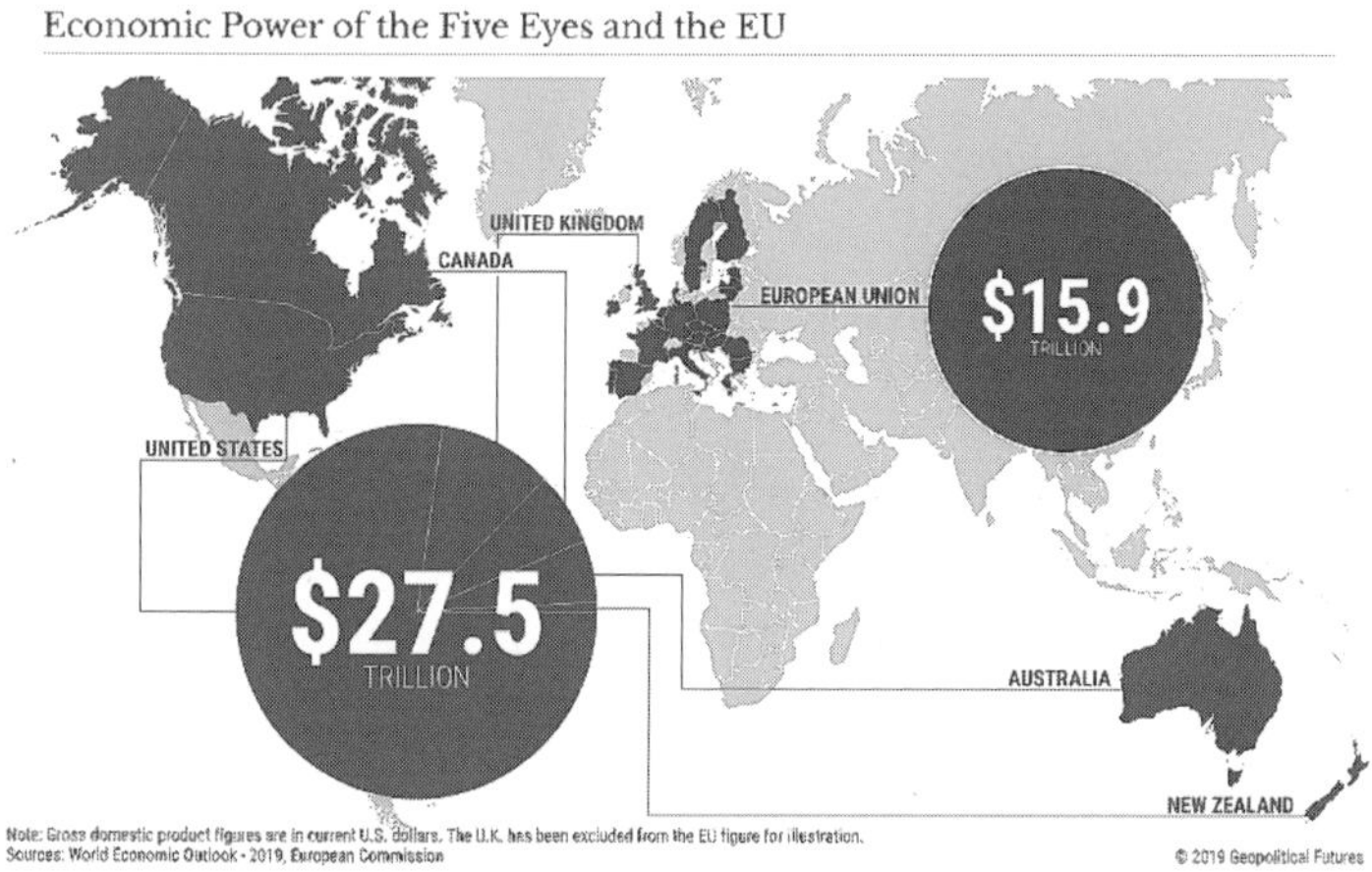

提供：GPF — Geopolitical Futures

かし、中国は公正な市場経済の競争を受け入れていないし、国有企業への規律導入など大幅な適用除外を求めているため、まず、認可されない。

したたかなイギリスのブレグジット後の構想をここでちょっと紹介したい。

イギリスのＥＵとの貿易額は約五割を占めたが、安全保障などで緊密な連携を保つ「ファイブ・アイズ」という国々、アメリカ、カナダ、オーストラリア、ニュージーランドとの自由貿易が実現できれば、実は、ＥＵをはるかに上回るマーケットが手に入るのだ。

オーストラリアとカナダ、ニュージーランド、日本はＴＰＰ11のメンバーだから、ＴＰＰに入りさえすれば、あとはアメリカとのＦＴＡ（自由貿易協定）を結ぶだけだ。ブレグジット後、イギリスは日本とのＦＴＡを急いで結んでおり、それをテコにEUとの自動車などの関税の取り決めを有利に進めるというちゃっかりした顔も見せている。さすがは老獪な元大帝国。老紳士の風格十分だ。

ところで、なぜ、「環太平洋パートナーシップ」にイギリスが加入する資格を持っているかというと、イギリスが太平洋のヒトケアン島を領土として持っているからだ。わずか五十人程度が住む小さな島だが、さすがは一〇〇年以上七つの海を支配した「大英帝国」の重み。

これで言えば、太平洋にニューカレドニアや仏領ポリネシアを持つフランスも加入の資格はある。これらの国々が加わったTPPの未来を考えると、筆者は嬉しくなる。公正なルールを共有するとても大きな経済圏ができるからだ。TPPはとても大きな可能性を秘めているのだ。

ちなみにイギリスの空母「クイーン・エリザベス」は、二一年五月からインド太平洋地域に向けて出港した。英軍と米軍の戦闘機を搭載。アメリカやオランダの戦艦に守られつつ日本や韓国やシンガポールなどに寄港。自衛隊や米軍との共同訓練を行い、七ヶ月かけて「グローバル・ブリテン」として、インド太平洋地域への関与を強める姿勢を誇示した。

また、日本とイギリスは次期戦闘機を共同開発し、二〇三五年に導入する予定だ。これにはイタリアも加わる。これはステルス機能を持った超音速機になる。

八、NATOとの連携強化

日・米・豪・NZは、これらに加え「民主主義」を軸にNATO（北大西洋条約機構）との連携も進めている。NATOの拡大を防ぐために行動を起こしたプーチン大統領の焦りは完全に裏目に出た。一時は存在意義さえ疑われたNATOは強く結束し、これまでロシアを刺激しないよう参加しなかったフィンランドとスウェーデンが加盟を申請。GDP二％の目標に達していなかった各国の防衛予算も、ドイツが約一四兆円を投じるのを筆頭に、イギリスが今後二年間で約八一〇〇億円国防費を増やし、将来はGDPの二・五％にする目標を掲げた。ポーランドはなんと、GDPの四％に引き上げる。ルーマニア、デンマーク、スウェーデンなども追随する。

二二年のNATO首脳会議には、日本、オーストラリア、ニュージーランド、韓国の首脳もパートナー国として出席した。これらの国々はNATOと、「自由」や「法の支配」「人権」などの価値観を共有する国同士の連帯を深めていく。岸田総理は会議で「ウクライナは明日の東アジアかもしれない」との強い危機感をNATO諸国に訴え、欧州とインド太平洋の安全保障は「不可分」であると説得。NATO側も、民主主義を敵視する中露の共闘にも触れ、「ルールに基づく国際秩序を破壊する試みは我々の価値と利益に逆行する」と断じた。

これで、インド太平洋とヨーロッパの安全保障の連携を深める第一歩が踏み出された。共に「**武力による現状変更**」を試みる勢力に対抗していく基盤ができたのだ。

ＮＡＴＯ首脳会議で決まった今後一〇年間の指針の中で初めて「中国が『体制上の挑戦』を突きつけている」との警戒感が表明された。今のところ、ＮＡＴＯは中国を「敵」とはみなしていない。が、中国の威圧的な政策がＮＡＴＯ各国の利益を脅かしていること、中国が核兵器や弾道ミサイルなど欧州の直接の脅威となりうる兵器を開発・量産していることに警戒感を持つ。「5Ｇ」に絡むスパイ疑惑や、北極海での強圧的行為が不安を煽《あお》っているのだ。

ＮＡＴＯ各国の中国に対する危機感の程度は異なるが、イギリスやフランス、ドイツという主要な国の艦艇が台湾海峡の「航行の自由作戦」に参加するなど、インド太平洋地域で具体的な行動を起こしてくれているのは日本人として心強い。二二年九月末、ドイツ空軍のトップが自ら戦闘機で日本に降り立ち、日本の航空自衛隊トップと会談。日本の国旗が翼に描かれた戦闘機から降り立ったゲアハルツ空軍総監のがっしりした体躯と知的な風貌は、なんとも頼りになりそうで、安心した。日本は、今後も欧州への協力姿勢を通じ**『ウクライナ侵攻と重なる形になる台湾侵攻』**を防ぐための抑止力としてＮＡＴＯを取り込む努力を続ける。

ＮＡＴＯは東京にハブの中心となる連絡事務所を置き、日本と韓国、オーストラリア、ニュージーランドの四カ国と新しい協力計画を作る。サイバーセキュリティや宇宙、偽情報対策など安全保障に関わる分野で連携を強めていく。「ディープフェイク」と呼ばれる画像や動画の技術や情報なども共有し、有事の際に偽情報で状況判断を誤ったり、ＳＮＳを通じて、国民が混乱に陥ったりするリスクを防ぐ狙いだ。（ただし事務所設置には先日中国を訪問したマクロンが反対中。中国を刺激したくないと言うのがその理由。）

NATOは日本、韓国、オーストラリア、ニュージーランドをインド太平洋における重要なパートナーと位置づけハイレベルの協議を続けてきた。背景に「中国によるサイバー攻撃や偽情報の拡散といった新しい脅威が、北大西洋にも及ぶことへの警戒感」がある。これによって、欧米の加盟三一ヵ国とインド太平洋の四カ国が結束を深め、対中国で抑止力を高めることになる。

二二年以降アメリカとカナダの軍艦が頻繁に台湾海峡を通過するようになった。フランスも続く。さまざまな国が台湾海峡を航行することで、この海峡の「安全と繁栄」が世界にとって重要だというメッセージを中国に送るためだ。

また、米空母ロナルド・レーガンは、九月二三日に韓国釜山に寄港。四年ぶりだ。北朝鮮に馬鹿げた幻想を抱いた文在寅前大統領時代に悪化した米韓関係も復活しつつある。このような動きは、中国の脅威をひしひしと肌で感じている筆者を少しだけ安心させてくれる。

安倍・トランプのタッグが成立して以降急速に進んできた中国包囲網だが、実は、まだまだ足りない。筆者が焦燥感に駆られて取材していた五年前、外交の専門家で政府アドバイザーだった岡本行夫氏は「二つの陣営の競争について、今は何とも言えない。これから二七年まで日本とアメリカが中国を抑え込むことに成功したなら、光が見えてくるのだが……」とかなり悲観的な見方をしていた。日本のメディアでは無視されていたその頃の動きをあげてみよう。

南太平洋で起こる断交ドミノ

二〇一九年になって、太平洋で、次々と異変が起こった。

まず、ソロモン諸島が台湾と断交。それにキリバスが続き、台湾と断交した。これは、台湾を孤立させ、米豪の間に楔をうちこもうとした中国の画策だった。南太平洋は海上交通の要所だ。万一の際には、アメリカの艦船はオーストラリアで補給や修理を受けることになる。アメリカとオーストラリアを結ぶルート上に、これらの島々は、あるのだ。グアムも近い。

グアムは太平洋における米軍の要。港には原子力空母からイージス艦、原子力潜水艦とあらゆる艦艇が寄港でき、修理や、燃料、弾薬の補給をうけられる。日本有事の際には、グアムからの支援が欠かせない。そんな重要な海域でドミノ倒しが続いている。

ドミノの結果、何が起こったか。中国はバヌアツに大規模な港を建設し始めた。ここに海軍基地を作れば、アメリカとオーストラリアの軍艦の動向が簡単にわかる。グアムも狙える。

二〇二二年四月には、ソロモン諸島が中国と安全保障協定を結んだ。事実上の基地確保だ。ここでも、米豪軍の動きが筒抜けになる可能性がある。また、ここに軍事基地があれば、台湾有事の際、米軍の支援を阻止するために利用できる。リークされた協定案には「中国は必要に応じ、ソロモン諸島に寄港し兵站補給を行うことができる」と記されていた。その上、社会秩序の維持や救助のため中国から警察や軍人を要請できるとの内容も入っているという。

この直後、オーストラリアはソロモン諸島への新しい支援パッケージと漁業を保護するための二隻目の巡視船をオファーした。はたして、オーストラリアはソロモン諸島をこちらの陣営に引き戻すことができるだろうか？

数年以上前から始まっていた南太平洋での中国と西側陣営の綱引きは、このところ急に激しくなってきた。二二年五月、中国の王毅外相（当時）が島しょ国七カ国を訪れ経済支援などを約束。一方、日本の林外相も同じ五月にフィジーとパラオを訪れ、中国進出の危険性を訴えた。東京で開かれた五月のクアッド首脳会議の共同声明では、島しょ国への経済支援や気候変動対策での協力を表明。オーストラリアも、中国の影響力が強まる島しょ国への治安維持や物価対策の支援を増やしている。島しょ国の治安部隊を訓練する「太平洋防衛学校」も設立する。トンガなど、中国からの債務が増えている国を意識し、インフラ支援ファンドを増額した。

全ては、南太平洋の島しょ国を西側陣営に繋《つな》ぎ止めるための努力だ。至る所で綱引きが行われ、勝ち負けはまだ見えない。しかし、どちらもひどく急いでいることが不気味だ。

第十一章　中国が恐れる八つのD

二〇二〇年初め、武漢でコロナが発生するまでは、破竹の勢いだった中国だが、その後、厳しい状況が続いている。中国が恐れる八つのDをみてみよう。

一、Discontent（根深い不満）――習近平が直面する最大の危機

二二年党大会前の一〇月一三日、たった一人の無謀とも見えた行動がその後の大混乱を巻き起こした。「ゼロコロナはいらない　飯を食わせろ！」「領袖《りょうしゅう》はいらない　選挙が必要だ！」「奴隷にはならない　公民になる！」と書いた横断幕が北京の高架橋に掲げられた。

感染者が出た地域を丸ごと封鎖する非人間的なゼロコロナ政策は市民を極限状態に追い込んでいた。この、習政権の問題を鋭くついたメッセージは多くの共感を呼び起こした。

最初に大規模な抗議活動が起きたのが、中国経済を支えてきた外資のiPhone組み立て工場だったのは、なんとも皮肉なことだった。続いて、ウイグル自治区で十人が死亡した火災について「都市封鎖のせいで消化活動が遅れた」という情報が拡散。抗議行動が勃発。

抗議行動や暴動はまたたく間に国中に広がり、SNSには地域を封鎖するバリケードを壊す市民や、放水車が抗議する人々を排除する動画が溢れた。上海では「共産党は引っ込め」「習近平は退陣しろ」と体制批判まで出て、成都では「終身制の指導者なんかいらない。皇帝なんか欲しくない」とデモ参加者が叫んだ。サッカーのW杯中継では、マスクなしで応援する観衆

の動画は途中から削除。しかし、時すでに遅く「Ｗ杯の観衆はマスクもせず自由に大騒ぎしている。世界が規制を撤廃したのになぜ、中国だけがロックダウンを続けるのか？」という反発がオンライン上で駆け巡った。

言論を圧殺してきた政府への抗議は「白紙運動」となって広がった。ゼロコロナ政策にもかかわらず、一日あたりの全国の新しい感染者数は過去最高を更新し続けていたのだ。

さかのぼる二二年三月二八日、上海で橋やトンネル全てが通行止めになり、バスやタクシーなど公共交通機関も停まった。中国最大の経済都市の二ヶ月間にわたる徹底したロックダウンの始まりだった。全ての住宅地と商業ビルに監視カメラが設置され、出入りする国民を監視した。感染者の隔離施設が不足すると、いくつかのマンションの住民は強制退去させられた。

抵抗する市民は不気味な防護服に身を包んだ警察官がねじ伏せ、連れ去った。通院も許されず、買い物にも行けない。「食料をくれ！」「飢え死にする！」住民の怒鳴り声がマンションに響き渡る。物資の配送も滞り、ＳＮＳに書きこまれた住民の不満はあっという間に削除される。鍋を叩いて政府に抗議する運動も起こったが、情報を得ようにも関連ワードの検索すらできなくなった。

上海のロックダウンが解除された後も、さまざまな都市で散発的にロックダウンが行われた。

繰り返し行われるPCR検査。七二時間以内の陰性証明がなければ、市の至る所にあるチェックポイントで引っかかる。電車やバスに乗れず、スーパーで買い物することも、職場から家に帰ることすらできない。

PCR検査とその結果を待って、〇度以下になる寒空で何時間も列に並ぶ。そんな生活が続く中、一九〇万人が収容所のような隔離施設に入れられ、経済も大きなダメージを受けた。上海のロックダウン時はGDPの二一%だったが、一一月の暴動が起こった時点で、部分的なロックダウンや移動制限が行われていた地域のGDPは、中国全体の二五%以上を担《にな》っていた。二二年のGDPの成長率は三・〇%と政府目標の五%を大きく下回った。

抗議行動が続いたあと、中国政府はゼロコロナ政策の緩和に動いた。PCR検査をやめ、管理アプリの証明も不要とした。そして、一二月一四日には無症状患者数の公表をやめた。無症状患者は感染者の約九割を占め、手のうちようがなくなったからだ。これは、政府が感染対策を放棄したも同然だった。北京では「感染爆発」が起こり、市は発熱の診察を受けた患者は前の週の一六倍になったと発表。

環球時報の元編集長は「非公式の推計で、一〇日間で数百万人が感染した」とSNSに投稿。衛生当局の専門家は「最終的に、中国内の八〇〜九〇%が感染する可能性がある」と推計。ゼロコロナ政策が全面解除された場合、感染爆発で最悪二〇〇万人が死亡するという試算もある。習は、国産技術にこだわるあまり、海外のワクチンの輸入を認めなかった。

各地の抗議活動の鎮圧には、力による拘束や排除だけではなく、中国お得意のビッグデータを駆使した危険人物の特定、電子的追跡、制御という、香港弾圧に使われた手法が総動員された。

二三年一月、中国疾病予防の専門家は「全人口の八〇％がすでに感染した」とSNSに投稿。約一一億三千万人が感染した計算だ。他国のことながら、この数の大きさに気が遠くなる。ゼロコロナ政策は、当初から習が「自ら指揮し、自ら手配している」と公言。二二年一〇月の党大会では「大成功を収めた」と世界に向け誇ってみせた。この結果は本当に成功だったのか。


この党大会で、胡錦濤前総書記がテレビカメラを前に無理やり退席させられる映像が流された。一部で健康上の理由とされたが、多くの中国人は「今や邪魔者は排除され、習近平の権力は揺るぎないものとなり、終身にわたり中国に君臨する」というメッセージだと受け止めた。

しかし、ゼロコロナ政策が緩和されても、感染による人手不足で、経済は思うように伸びていない。消費は冷え込んだままで、企業の資金繰りの苦しさが抗議活動の背景にある。

これまで、共産党の支配は「国民に経済的恩恵を与える」という「正統性」（理由）をもって語られてきたが、三年にも及ぶ、人権を無視した強硬なロックダウンを国民にしいた挙句に、経済さえも伸び悩むとしたら、習政権はいつまで持ちこたえられるのだろうか。医療システム崩壊、大量の死者の記憶は習の威信を失墜させ、共産党への信頼さえ失わせた。

敵は不満を抱える国民だけではない。これまで押さえつけられ、恨みを募らせた共産党内の不満分子も、いつ習近平を引き摺り下ろせるか、その機会を虎視眈々と狙っているのだ。

二、Disease（新型コロナという病）

新型コロナの発生は中国の進路を大きく変えた。その行方によっては、習政権が崩壊する危険もはらむ。記憶とは薄れるものだから、コロナが世界に広がった武漢で新型の肺炎が問題になってからの経緯をまとめる。世界の受けとめ方も含めて。

ＷＨＯ（世界保健機関）は二〇年一月一四日、武漢で新型コロナウイルスが発見されたと認定。人から人への感染が疑われた。人から人へ感染する場合ウイルスの危険性は格段に大きくなるが、ＷＨＯはこの時「人から人へ感染した証拠は見つからなかった」と否定した。

二三年二月になって、アメリカの国立研究所を統括するエネルギー省が「ウイルスは中国のウイルス研究所から流出した可能性が高い」と判断したとウォールストリートジャーナルが伝えた。二一年にＦＢＩも、研究所から流出したとの見解を出している。アメリカでは発生源の調査で「ウイルスは生物兵器として開発されたものではない」との見方でほぼ一致する一方、武漢のウイルス研究所から流出したか、動物から自然感染したかを結論づける証拠は無かったと二一年の報告書で説明していた。

しかし、今回、エネルギー省が新たな判断を下したことで、FBIは「コロナのパンデミックは、武漢の研究所から始まった可能性が最も高い」との分析を改めて示した。

新型コロナによる混乱は現在まで続き、日本にも第八波の波が押し寄せた。二三年三月一七日までの日本での累計感染者は三三三七万七千七百三人。死者は七万三千四百九十人。

世界全体での累計感染者は二二年一一月五日時点で六億三二四二万人を超え、アメリカでの死者数は一二〇万人を超えた。これはものすごい数だと思う。

もし、最初の感染が確認された二〇一九年一二月一日、すぐに、その事実が公表されていたら。もし、人から人への感染が、もっと早く知らされていたら…と思わずにはいられない。

中国は、情報隠蔽やその後の外交の失策で多くの国に反中国感情を植え付けてしまった。

〈新型コロナ：詳細〉

二〇年一月二〇日にはイギリスの感染症分析センターは「武漢市で千七百人を超える患者が

いる」と推計したが、中国は、「感染者は二〇日時点で二一八人」と主張し続けた。中国国営テレビは「人から人への感染リスクは低い」と報じた。中国版ツイッター「微博（ウエイボ）」では「武漢の医療機関では発熱の患者が多すぎて入院を断られた」「中国政府の発表データは信じられない」などの不満が書き込まれたが、当局によってすぐに削除。

そして、二〇日、国営テレビで感染研究チームトップが「人から人へと感染していることは間違いない」との爆弾発言を行った。世界はその瞬間まで、中国に裏切られていたのだ。

二三日、政府は武漢封鎖を決め、市内及び市街に通じるすべての公共交通機関が閉鎖された。武漢には五〇〇名を超える日本人駐在員や出張者がいた。ＷＨＯは緊急委員会を開いたが、緊急事態宣言は出されなかった。香港ではマスクを買おうと人々が店に殺到し、日本企業は現地にいる日本人の脱出を命じた。二六日には、すでにアメリカ、日本、韓国、タイ、シンガポール、北アイルランド、フランス、オーストラリアに感染が広がっていた。

英フィナンシャルタイムズによると、中国では前の年の一二月一日にすでに新型コロナウイルスの感染が確認されていた。つまり、政府が発表するまで一ヶ月以上感染の事実が隠されていたことになる。英ランカスター大学は、二〇年二月四日までに世界の感染者数は累計で一九万人を超える可能性があり、「今や、世界の人口の五分の一が、感染力が高く、今のところ治療不可能で、死に至る恐れのあるウイルスにさらされている可能性がある」と警告を発した。

発表の遅れは武漢の役人が習近平の指示を待っていたためで、ロイターは「習近平への権限が強まり、『指示待ち』が増えていたことが初動が遅れた原因」と分析している。


日本はWHOの宣言より前に「指定感染症」に指定。日本人救出のためチャーター機を派遣した。WHOが「緊急事態宣言」を出したのは感染が一五カ国以上に広がり、人から人への感染も相次いでいた一月三〇日のことだった。なぜ、それほど遅れたのだろう？

それまでには、すでに六二カ国が中国人に対し、入国制限をおこなっていたのに。二月一日までに中国本土の感染者は一万四千人を突破し、二六カ国・地域で感染が確認されていた。

仏紙ルモンドは「WHOが緊急事態宣言を出せないよう、中国が圧力をかけていた」と報じた。WHOのテドロス事務局長はエチオピア出身。中国は二〇〇〇年から二〇一四年までの間にエチオピアに一二〇億ドル以上の融資を行い、「一帯一路」のインフラ支援も行われている。

その後、世界の状況は悪化の一途。世界中の人々が感染の恐怖に晒され、イタリアの感染者急増はヨーロッパ全体を脅かした。国家間の航空便は激減し、世界の至る国で観光業が打撃を受け、イベントの中止は止まらず、飲食業、中小企業の多くが倒産に追い込まれた。

もっと早く緊急事態宣言が行われていたら――。

中国はその後も失策を続けた。「ウイルスはカナダの研究所から漏れた」「ウイルスは米軍が持ち込んだ」などの偽情報を拡散し、責任を他の国に押し付けようとしたのだ。

「米軍が持ち込んだのかもしれない」とツイッターに書き込んだのは中国外務省の武闘派・趙立堅副報道局長だ。日経新聞中国総局長は「彼の発言の背後には習近平の意向がある」とルポに書いた。当然、それらの国は黙ってはいない。中国は多くの敵を作ることになった。

中国はワクチン開発の情報を狙って各国にハッキングをおこなっていると米FBIが警告を発した。また、ウイルスの発生源を探る独立調査を求めたオーストラリアに、中国は豪州産の農産物の輸入を制限する「報復」を行った。それまで中国と関係が良かったオーストラリアは、中国批判の急先鋒に態度を変えた。

その後中国は、汚名を返上すべく各国にマスクを配る「マスク外交」をおこなった。チェコやニュージーランドには、マスクを送る見返りに中国への賞賛を強要すらした。そんな高圧的な態度は映画にちなんで「戦狼外交」と呼ばれたが、すぐに破綻する。なぜなら、マスクの輸出先から「粗悪品」との苦情が相次いだからだ。なんという恥。中国のメンツは丸潰れだ。

また、国主導で開発したワクチンをアジア、アフリカ、南米などに優先的に提供し関係強化を図る「ワクチン外交」も展開したが、これも失敗した。理由は簡単。中国製のワクチンの効果は、ファイザーやモデルナのものに比べはるかに低かったからだ。中国人すら信用しないものを贈られても、あまり嬉しくはないだろう。しかも、料金はしっかり取るのだから。

コロナはグローバル化が進む世界経済のあり方を変えた。中国での部品の生産が滞り、世界中のサプライチェーンに影響が出た。ゼロコロナ政策を続け、散発的に都市をロックダウンする中国への依存を見直す企業が相次いだ。それでも、中国はゼロコロナ政策をやめられなかった。

中国の医師の数は、人口千人あたり一・四五六人で、世界七七位。（WHO）世界の平均より少し少ない程度だが、問題はその中に相当な割合の中国の伝統的医療の医師が含まれることだ。漢方などを中心とする彼らは、ウイルスとの戦いにはあまり向いていない。国産ワクチンの有効性は低いし、もともと政府への不信が強い高齢者の三割はワクチンを打っていない。そのため、感染が広がるとすぐに医療崩壊を招きかねない。にもかかわらず習近平の面子にかけて、海外のワクチンを輸入することはできなかった。

二二年一〇月の共産党大会で、習近平は「ゼロコロナ政策」の成功を誇り「今後もこの政策を断固として貫徹する」と断言。変化への期待はしぼみ、中国抜きのサプライチェーンの構築が進んだ。その後豹変した習近平によりゼロコロナ政策は放棄されたが、第二波、第三波がいつ襲ってくるかわからない。予兆はすでにある。その時、習はどう対応するのか。ぜひ見せてもらいたいものだ。

三、Drought（干ばつ）

世界の温暖化によりここ数年各地で干ばつが続く。中国も例外ではない。二二年夏、中国のほぼ全土がひどい干ばつに襲われた。猛暑日が七十日以上続いた地方もある。湖は干上がり、稲はほぼ全滅。長江周辺で気温は四十度を超え、水位は過去最低を記録。

近年、深刻な干ばつが頻繁に起こる中国では、大豆やとうもろこしの生産が減っている。大豆はアメリカ、とうもろこしはアメリカとウクライナからの輸入に頼る。世界のとうもろこしの七割近くを中国が買い占める。だが、戦争により輸出は激減。価格は高騰。

それは飼料として豚肉の値段にはね返り、二二年一〇月、豚肉の値段は五割はね上がった。中国人にとり、食肉の六割を占める豚肉は、日本人にとってのコメに近い感覚だ。あの天安門事件すら、引き金は「豚肉の価格が上がったこと」だったのだ。備蓄用を放出しても、焼け石に水。「食糧の無駄遣いをなくそう」とレストランに呼びかけても効果なし。国民の不満は募る。今や中国の胃袋はアメリカに握られている。習も枕を高くして眠れまい。

さらに深刻なのは三峡ダムからの水量が平年の半分になったこと。一部では水力発電所が十分な水を確保できず、エネルギーの供給が不安定になった。雨量は例年の半分以下で、四川省の電源の八割を占める水力発電が足りない。重慶や上海市などが電力不足におちいった。各地で起こった干ばつによりアップルのｉＰａｄの組み立て工場が操業を一時停止。トヨタ、パナソニック、ホンダの工場なども工場を一時閉鎖し、経済的なダメージを被った。前の年も、相次ぐ停電で混乱したばかり。干ばつは「世界の工場としての中国の地位」も脅かしつつある。

最近になって中国は気候変動政策に力を入れるようになってきた。もちろん世界のためではない。毎年のように中国自身が干ばつや洪水に襲われ始めたからだ。

筆者は「ＪＥＴＲＯグローバルアイ」という番組のキャスターとして二〇一〇年に上海万博を取材したが、会場に近づいてびっくりした。盆地にある会場は、スモッグの灰色の空気がふたをしたようにどんよりと全体を覆い、遠景を撮影することすらできなかった。

また、水道水は絶対に飲まない。ミネラルウオーターも目の前で開けたものしか飲まない、という鉄則を守っていたが、スモッグと砂埃に耐えられずホテル内ならと、水道水でうがいをした。結果、三ヶ月間下痢が止まらず、七キロ痩せた。（ダイエットにはおすすめ？·？）

地上には高層ビルや奇抜なデザインの建物群が立ち並び、超モダンに見える上海ですら基本的なインフラや衛生面では、まだ発展途上国並みなのだとまさに身をもって思い知った。環境などに配慮することなくひたすら経済成長を追い求めてきた中国は、今高いツケを払っている。

四、Drain（海外マネーと富裕層の流出）

中国は一九八〇年から二〇二〇年までの四〇年間に、名目GDPを六七倍にするという驚異的経済成長を遂げた。（IMF）しかし、**中国の成長モデルは限界に達している。**

二二年四～六月期、景気の実感に近い名目GDPは、ロックダウンが行われた上海で、一三・七％のマイナス、また、行動規制を強めた北京市でも、前の年を二・九％下回った

一一月一一日の『独身の日』のセールは毎年大活況だったが、二二年にはその熱はなかった。世界各地でインフレが大きな問題となっているというのに、中国では物の価格が落ち始めている。二二年一〇月の卸売物価指数では、鉄鋼が二一％下落、ゴムやプラスチック製品も値下がり。将来への不安と貯蓄が少ないせいで消費が落ち込んだためだ。一〇月は、輸出も減少に転じた。一一月もさらに減少。そんな中国に見切りをつけて、海外マネーの流出も止まらない。

外国人投資家は八月まで、七か月連続で中国債権の保有を減らし、約一二兆円が流出。その流れは九月以降も変わっていない。

さらに深刻なのは、中国の富裕層が中国から脱出し始めていることだ。

彼らの多くが数年かけて、資産を合法的に、あるいは非合法的に国外に移し、住宅や市民権の取得などに動いている。富裕層の資産運用を手掛けるファミリーオフィスを含め、シンガポー

ルに新会社を設立した中国企業は五〇〇社から一〇〇〇社に上ると試算されている。

中国人が中国を見捨てる事態が始まっているのだ。しかも、裕福な人々から先に脱出していく、巨額の資金と共に。国際金融協会のリポートによると、二三年の中国からの資本流出は約三九兆円に上ると見込まれる。脱出には、最近続く著名人の失踪が拍車をかけている。

五、Debt（多額の負債）

中国は二三年、過去最大の約七十四兆円の財政赤字。高齢化で社会保障費が膨れたためだ。住宅不況にも出口が見えない。中国の統計局の発表では、二二年九月の主要七〇都市の新築住宅の価格は、八割近い五四都市で下落。平均価格も一三か月連続で前の月を下回った。中古マンションでは九割近い都市で価格が落ちており、一四か月連続の下落となった。不動産大手中国恒大集団は一時三五兆円の負債を抱え、二一年一一月にデフォルトに陥った。二〇二二年八月時点での住宅の価値は、前の年に比べて約三％減ったと推計されている。不動産株の下落も続く。不動産企業の海外債権のデフォルトも相次ぐ。地方の小都市の住宅価格は二一年から一年半で二六兆元（約五百兆円）も値下がりした。

中国ではマンションを買う際「予約販売」が普通だ。前払いでローンを組む。しかし、不動産会社の倒産などで、工事が途中のまま放置されマンションの引き渡しが行われないケースが相次ぐ。このため、住宅ローンの支払いを拒否する住民たちのデモが全国に広がっている。S&Pグローバルによると不払いリスクのある住宅融資は最大五〇兆円。工事の中断が続けば支払い拒否はますます広がるだろう。渡してもらえないマンションの代金など払いたくないのは人情だ。しかし、ローン返済を中止すると、政府の個人情報のブラックリストに載ってしまう。場合によっては飛行機に乗れなかったり、子供の私立入学を拒否される可能性もある。

また、実際の需要も減っていく。結婚する時に親などから資金を借りマンションを買うケースが多いが、二五〜三四歳の人口は一六年にピークをうち三〇年には〇・七億人も減る見通し。なんとフランスの全人口がいなくなる計算だ。

長年、投資として買われてきた不動産バブルの崩壊で中間層の負債が増加。経済の牽引役だった不動産の失速で不良債権が膨らみ、金融システム全体へのリスクになりつつある。

BIS(国際決済銀行)によると、中国の債務残高は二二年六月に過去最高を更新。約七一〇〇兆円でGDPの三倍に迫っている。なかでも気になるのが地方政府の負債。

地方政府は不動産開発会社に土地の使用権を売って収入を得てきたが、不動産市場の低迷で収入が減った。中央からインフラ投資で経済を活性化せよとお達しがあるものの資金が足りず、銀行の帳簿に計上されない「影の銀行」からの資金調達が増えている。

米調査会社ロジウムによると、地方政府の「隠れ債務」は二二年末五九兆元（約一一五〇兆円）に達した。公式の地方債が三五兆元。合わせて一〇〇兆元近くになり、ＧＤＰの八割近い。地方債の利払いの負担も大きい。人口が減っている地域では破綻の恐れもある。九月には、農村の村鎮銀行で預金が引き出せなくなり、南京銀行など地方の銀行で取り付け騒ぎが起こった。海外の格付け会社は、地方政府の約三割が「破綻リスク」を抱えているとしている。（怖すぎます…。）

六、Depopulation（人口減少）

アリババのジャック・マーはかつて、イーロン・マスクとの対談で「中国の人口問題は、加速する。もはや『崩壊』と言って良い」と言った。

中国の人口減少はすでに始まっている。厳しい受験競争、教育費――子育てにかかる費用は一人当たりのＧＤＰの七倍近い。そのため、出生数の減少が止まらない。中国の二一年の出生率は一・一五と一〇年の一・六四から大きく低下し、日本の一・三七をも下回った。一人っ子政策のツケで、世界で例のない急激な高齢化も進む。

出生数は下がり、若者は海外に流出する。二〇二二年一月発表の六五歳以上の人口は初めて二億人を超えた。国連は「中国は二〇三四年には『超高齢化社会』（高齢者が二一％を超えた社会）

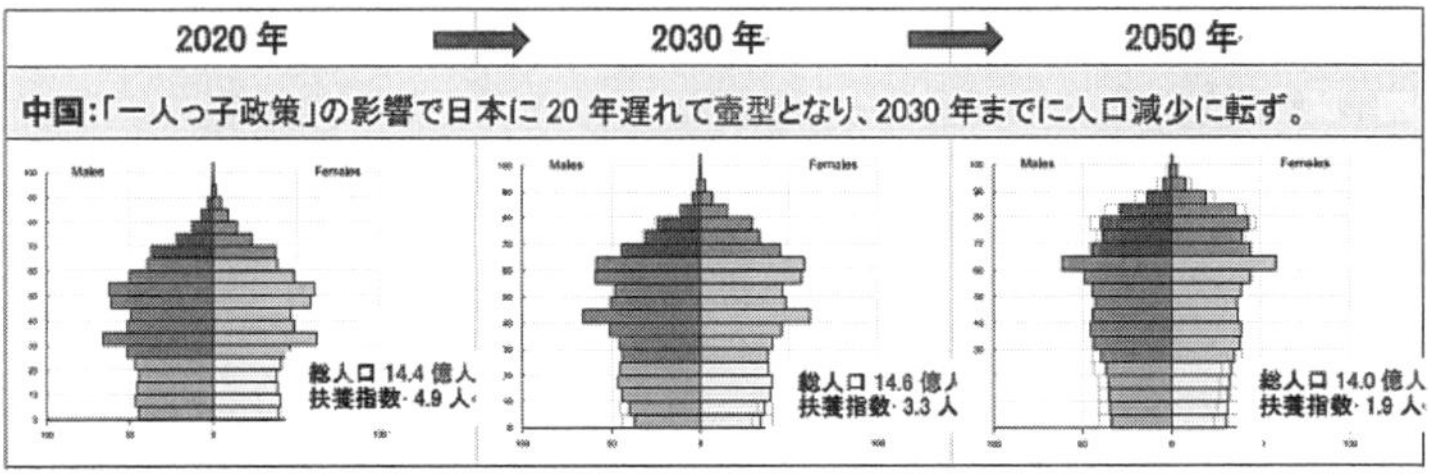

人口ピラミッドと人口増減による類型化（サンメッセ総合研究所）

になる」と予測する。これからの一〇年で生産年齢人口は約九%減る。労働人口が減れば、中国の経済成長は鈍る。

中国では農村部での高齢化が都市部より早く進んでいる。二〇年の国勢調査で、農村の高齢者は二四%。つまり、すでに四人に一人が高齢者なのだ。しかも、農村部ではインフラや社会保障制度も整っていないことが多い。都市との所得や教育の格差もある。中国農村部では、豊かになる前に超高齢化が進んでしまうというとても厳しい現実に直面しなければならない。（気の毒すぎる…。）

人口は二〇五〇年までに二億人減る見通し。今のままでは、二一〇〇年に中国の人口は現在の約半分に減る。最悪の場合、六億人を切るとの試算さえあるのだ。九億人が消えた中国の未来はどうなるのか。国連の推計によると、二三年にはインドの人口が中国を上回り、二〇五〇年には、現役世代二・三人で高齢者一人を支える状況になると見込まれる。（今は五・九人で一人を支えている）

恐ろしい報道がある。
ベトナムの一〇代の少女が次々と誘拐され中国に拉致されている。

ベトナム政府は「二〇一二年からの五年間で三千人が誘拐された」という。人権活動家によれば、実際の被害はその数倍から数十倍。「ベトナム人花嫁の村」がいくつもあるという。彼女らは、一人っ子政策で男子ばかりが増えた中国の嫁のいない家に売られ、奴隷のように働かされ、子供を生まされるのだという。

先日、プーチンに戦争犯罪で逮捕状が出た。具体的な罪状は、多くのウクライナ人の子供をロシアに連れ去り養子縁組をさせているというもの。ロシアもまた、人口の減少に悩んでいる。

七、Disillusion（国民の幻滅）

中国の成長は、金融リスクを先送りしながら、さまざまな方法で住宅バブルを許すなどの方便で続けられてきた。当然、その間、債務は水面下で広がる。そんな見せかけの成長の裏で、所得格差も広がった。二〇二一年の一人当たりの可処分所得をみると、都市部の上位二割と下位二割では六倍を超える開きがあった。格差は今も拡大しつつある。

共産党大会後、習近平は「共同富裕」というモットーを再び持ち出した。素直に読めば「みんなで豊かになろう」だが、実情はかなり異なる。政府が、儲かっている

IT企業に強制的に寄付をさせ、貧困対策をさせるというものだ。アリババは、二五年までに一兆七千億円を投じ、デリバリーの運転手など非正規の労働者の待遇を改善したり、中小企業支援をする計画。テンセントも、一兆七〇〇〇億円を投じ、低所得者層の収入改善や農村振興にあてる。スマートフォンのシャオミは、約二五〇〇億円を貧困対策に充てる。

アリババへの独占禁止法違反として約三〇〇〇億円の罰金を課した習近平政権に対し、IT大手は「政府による監督を自ら進んで受け入れます」という内容の誓約書を出したことがある。

今回の寄付もまた、政府から法外な処罰を免れるためと見られている。そんな習の私企業冷遇と国有企業優遇は、自由な発想や「儲けたい」という人間心理を抑えこみ、イノベーションの力を削ぐ。これでは、今後西側からの技術移転が難しくなる中、中国経済の成長は見込めない。

低成長時代に入った中国では、失業率の高さが問題になりつつある。

一六～二四歳の若年層の失業率は約二〇％。五人に一人は職がない。ネットには「政府は嘘をついている。実際の失業率は三〇％前後だ！」との書き込みも駆け巡る。二二年の大学卒業者は一〇〇〇万人の大台を超えた。ホワイトカラーとして働きたい若者とオファーされる仕事のミスマッチもあるが、解雇の場合、補償金が安い若者が解雇されやすい。だから若者の失業は減らない。多くの若者は貯蓄が少なく、失業保険にも入っていない。そのため、失業が貧困や格差の拡大に直結する。

また、将来最も生産性をあげる可能性のある層、次代を担う若者が社会に参加できない。だから、経済全体の活力や将来性も低くなる。当然若者の間で不満が高まる。大卒は今後も増え続けるが、経済に吸収する余力がなければ優秀な人材が国外に流出する。

習近平政権は「横たわり（躺平《タイピン》）」と呼ばれる「物欲が乏しく、競争、勤労、結婚、出産に消極的になる」厭世的な若者が増えることを警戒している。それはさらなる少子化や、消費の低迷を招き、競争しながら経済を活性化させる若者が減るということだからだ。しかし、そうさせているのは政府自身だ。今、中国の多くの若者が「偉大なる中華民族の復興」という夢の実態に失望し、現在の状況に幻滅していることを政府は認識しているのだろうか。

八、Destabilization（社会の不安定化）

このような状況が何を招くか？　社会の不安定化だ。

あらゆる階層で現状への不満が高まっている。

二二年一〇月の共産党大会は空前の警戒体制の中で行われた。経済的に国民を裕福にする、という共産党の正統性（独裁の根拠）が失われ、党に反感を持つ人が増えているためだ。

習近平は、内陸部の農村の貧困は解消されたと共産党大会で発表したが、世銀によれば、それ程改善されていない。都市でも、住宅を「持てるもの」と「持たざる者」の格差は大きい。党の幹部やその子供たちは複数の住宅を持ち、これまで、その値上がりで利益を得てきた。二〇〇〇年代は、前年に比べ一〇％を超す高い経済成長を続けてきたが、二二年の四～六月期は、〇・四％の伸びにとどまった。今後も高い成長は見込めない。若者の夢はしぼむばかり――。

二二年五月、習近平は共産党の幹部や家族が海外資産を保有することを禁じる通達を出した。これは、ロシアの幹部が制裁を課され、海外資産を凍結されたことを受けてのものだった。しかし、それが実行されると信じる研究者もジャーナリストもいない。

だがロシアへの経済制裁にスイスが参加した際、中国共産党幹部の間に激震が走った。プーチンのみならず、別れた妻、娘たち、プーチンの愛人の口座まで凍結したからだ。習はもちろん、幹部らはファミリーで何兆円という資産を海外に隠し持つと言われる。それはびびるだろう。

二〇一四年、国際調査報道協会のジェームズ・ポール記者と英ガーディアン紙がタックスヘブンのバージン諸島にある会社二社からデータを入手。約二年にわたって分析した結果を明らかにした。クレディスイスなど欧米の銀行や会計事務所が、習近平、温家宝、胡錦濤氏らのファミリー十三人がバージン諸島で会社を設立するのを仲介していたという。中国と香港の二万一千人以上がそれらの会社のオーナーで、二〇〇〇年以降、一兆ドルから四兆ドル（約一四〇兆円から五一六兆円）が中国から流出したとポール記者は指摘した。

また、一二年、ニューヨークタイムズは温前首相のファミリーが二七億ドル（約三三〇〇億円）を超える資産を持つと報道。温氏の妻は「ダイアモンドの女王」と呼ばれ、弟は不動産・医療廃棄物処理などを手掛け、長男は天津市の土地開発を手掛ける資産家という。もちろん温ファミリーは記事の内容を否定した。

そのような暴露的報道は後を絶たない。中国では百人の富豪が三〇〇〇億ドル（約三九兆円）の資産を独占する一方で、数億人が毎日二ドル未満の生活を強いられていると言われてきた。

中国が発表しているデータですら中国の上位二〇％の高所得者の平均年収は、低所得者二〇％の平均の六・二倍。習政権が発足した一二年の五・〇倍より格差が広がっている。

一般に所得格差が大きいほど社会は不安定になる。

格差を表す「ジニ係数」は、〇に近いほど格差が小さく、一に近くなる程格差が大きいことを示す。中国の場合〇・四六。一般に〇・四を超えると「騒乱が起きる警戒ライン」とされる。

習近平は二〇二一年に「貧困脱却の戦いに完全に勝利した」と宣言したが、中国政府が発表したデータですらそれを裏付けていない。つまり、中国は非常に不安定で騒乱の起きやすい状態にある社会だといえる。それを裏付けるような出来事が、最近、続けて報道された。

二二年一〇月二六日、チベットで新型コロナ対策に抗議する異例の大規模デモが起きた。中心都市ラサは三ヶ月近く封鎖状態が続いていた。SNSで拡散された動画には数百人が道路に集まり、警察と衝突していた。その多くは漢民族の出稼ぎ労働者だとBBCは報じた。

「七七日間、ずっと家に閉じ込められ、生活はとても苦しい。大家は家賃の支払いを厳しく求めてくる。私たち労働者は故郷の家に帰ることすら許されていない。出口がない状況だ」人権団体によると、ロックダウンが始まってから何人もの自殺者がでたという。

一一月一五日には広州市で大規模な抗議行動が起きた。デモに参加した数百人が警察のバリケードを突破する様子がSNSで拡散。デモは出稼ぎ労働者ら所得が低い人々の住む地域で起き、地元当局は数台の警察車両を向かわせ対応に追われた。統制の厳しい中国で大規模な抗議活動が起こるのは珍しい。

二三年二月、武漢と大連で数万人の年金生活者が街頭に繰り出し、数百人の警官隊と対峙《たいじ》した。年配の人が多かったため「白髪運動」とも呼ばれた。莫大な費用がかかったゼロコロナ政策で地方の財政は悪化。医療保険の補助が減ると怒る群衆は「反動政府を倒せ！」「政府が追い剥ぎをしようとしている！」と叫び、革命の歌「インターナショナル」を合唱していた。

白髪運動は今も各地で続く。コロナ後の労働争議も増えている。中国社会は「民衆の怒りのマグマが吹き出す悲劇的な時」に限りなく近づきつつあるのではないだろうか。

II　迫り来る中国の脅威

第十二章　米中のデカップリング（分断）は起きるのか？

アメリカは、「戦略的に」中国とのデカップリングを進めている。
フレンドショアリングの重要性
日本にとって、ゼロ・チャイナは可能なのか？

米中の摩擦が激化し始めてから、経済のデカップリングは起きるのかが議論されてきた。

ＩＭＦは、西側諸国と、ロシアや中国との経済の二極化が進めば、アジア太平洋地域の経済成長率が三・三％失われる可能性があると警告した。

しかし、ロシアとのデカップリングは否応なく進んでいる。二三年二月現在、世界的企業の三割がロシアから撤退。

アメリカは、ロシア侵攻当日にロシアへの輸出規制を発動。さらに二三年二月にはロシアの軍需産業の制裁逃れに関わったとして、新たに中国企業を含むおよそ九十社に、アメリカの技術を使ったハイテク製品の輸出を禁止。ロシア産の輸入品の関税も引き上げた。例えば、アルミニウム製品の関税は二百％。銀行など十数社の金融機関も米国内で取引できないようにして、ロシアが戦費を調達しにくくした。ＥＵは石油や天然ガスだけでなく、ロシアからの金の輸入も禁じた。米イエール大学によると、二二年八月までにロシアから撤退したか、規模を縮小した外資系企業は一〇〇〇社以上。半導体などのハイテク物資も入ってこず、経済封鎖が長引けば、ロシアの国力はどんどん衰えていくだろう。

一方、中国は、ロシアに比べはるかに世界経済に組み込まれている。

しかも、ウクライナ戦争の制裁でロシアを切らなければならなかった欧州にとり、中国との関係まで切るのは難しい。二三年四月マクロン大統領が中国を訪問。航空機一六〇機を受注し西側から大きな非難を浴びたのは象徴的だ。習は大歓待した。しかし、直後、欧州は慌てて釈明に追われた。フランス外相は「現状の尊重、台湾海峡の平和に深い思いを抱いている」。EU外相は「台湾海峡の平和と安定に関心を持つ」と中国の武力行使抑止に協力することを強調した。めだちたがりで短慮のトップをもつとフォローが大変なのは企業でも国でも同じのようだ。

例えば、ドイツが中国とのデカップリングを進めるならば、ブレグジットで被った経済的ダメージの数倍を覚悟しなければならない。中国には七〇〇〇社を超えるドイツ企業が進出し、ドイツでは、二〇〇〇社を超える中国企業が活動している。中国はドイツを先端技術の確保先として重視してきた。六年連続ドイツの最大の貿易相手国である中国に、二二年一一月下旬ショルツ首相はフォルクスワーゲンやBMW、アディダスなどの幹部を引き連れて訪問した。G7の首脳の中国訪問は、新型コロナが世界で流行してからショルツ首相が初めてだ。この訪中は習近平が要請したもの。しかも、この訪問は、G7で「中国が進出する外国企業に、強制的に技術移転を求めることへの批判」がなされたばかりのタイミングだった。

中国は、ドイツを足がかりにアメリカ主導の中国包囲網の足並みを崩したいと考えている。ショルツ首相は中国企業のハンブルク港のターミナルへの出資を許した。EUとしての対中投資は前の年に比べて一〇％以上減っているのに比べ、ドイツからの投資は二四％以上増えている。ドイツは実際、中国との経済的関係を損なうことをひどく恐れている。なにしろフォルクスワーゲングループの車の四割を中国で売っているのだ。実際、ドイツと中国のデカップリングはそう簡単には進まないだろう。ドイツにとって失うものが多すぎるから。ショルツ首相は二二年から揺れ動いている。しかしマクロンの失態の直後、ドイツ外相は「一方的な暴力による現状変更は欧州人にとり受け入れ難い」と中国の台湾への武力行使に警告した。

G7広島サミットでフォンデアライエン欧州委員長は「中国の切り離しは不可能。『デリスキング』に焦点を当てるべき」と訴えた。――欧州は揺れている。しかし、筆者は徐々に「デリスキング(リスク低減)」と言いかえられた「戦略的デカップリング」に向かうだろうと見ている。

中国

猛烈なハイテク技術をめぐる「戦争」はとっくに始まっている。

むしろ中国の方が、ずっと前から技術や経済の欧米依存を減らし自立を目指すデカップリング政策を進めてきたと言えるほどだ。現在中国は自動車などの主要な部品の七〇%を海外から輸入しているが、これを二五年までに三〇%ほどに下げる政策を掲げた。二〇二一年には、米インテルから大連にあるフラッシュメモリーの工場を買い取った。新工場の建設も進む。半導体を国内で量産する体制づくりは、数年前から始まっていたのだ。

「核心技術の争奪戦で必ず勝利する！」

三期目に入った習近平は、独自のハイテク技術でアメリカと競う「自立自強」へと突き進む。半導体の自給自足を目指し電気自動車では世界トップの座を狙う。「二〇三〇年までにＡＩを支配する」というのは「ＡＩについては中国がルールを決める」と言ったのと同じだ。

しかし、悲しいかな、現在中国で生産される半導体の回路の線幅は一四ナノメートル。サムスン電子や台湾のＴＳＭＣが製造する三ナノメートルや五ナノメートルの半導体から、何世代も遅れている。特に、デリケートな加工が必要な半導体づくりの最終段階では、海外からの半導体製造装置に頼っている。

そんな中国は、韓国のＳＫハイニックスに目をつけた。ＳＫハイニックスは江蘇省に半導体のＤＲＡＭ工場を持ち、半導体メモリーの四割を中国で生産している。しかし、半導体の検測定装置は米ＫＬＡから買っている。一〇月のアメリカの新しい規制を受けたＫＬＡは「今後、アメリカ政府の許可なしに装置を供給できない」と伝えてきた。装置の供給が止まれば、作れる製品は時代遅れになる。猶予期限は一年のみ。習の「自立」路線はすでに、困難にぶつかっている。

中国はまた、台湾有事の際のエネルギー調達を確保するため、サウジアラビアとイランの仲介にも乗り出した。習が中東の平和を願って動いたのではないことだけは確かだ。

アメリカ

欧州は迷っている。しかし、アメリカは違う。アメリカは肉を切らせて骨を切る覚悟を固めている。「技術を盗まれることを警戒して対中半導体関連輸出を完全に禁止すれば、アメリカの半導体産業は収入の半分近くを失うだろう」というレポートも出た。それでも、二〇二〇年ファーウェイが、アメリカ企業の製品提供を事実上禁じるリストに載せられた。八ヶ月後、ファーウェイのスマホからアメリカ製の基幹部品の多くが消えた。

ウイグル族の監視に使われているとされたAI関連企業のトップだったセンスタイムや音声認識技術で有名なアイフライテックなど、中国の有力IT企業八社もリストに載った。

一〇月七日にバイデン政権が出した新しい対中貿易規制は、範囲が広い「技術デカップリングパッケージ」だ。バイデン大統領は歴史上最も中国に対して厳しい政策をとることを選んだのだ。これは、中国のハイテク業界全体を孤立させることを狙う。超音速ミサイルの誘導や兵器の自動制御、大規模な音声や画像監視に使われる人工知能（AI）に使われるスーパーコンピューター用の半導体、それらを作る装置、部品などの中国向け輸出は、事実上禁止だ。外国でつくった製品でも、アメリカの技術を使っていれば輸出を原則認めない。台湾や韓国、オランダなどほぼ全ての半導体関連の企業がこの対象となる。

また、アメリカ人とアメリカの永住権を持つ個人が、これらに関して中国政府や企業をサポートするにはライセンスが必要となった。高度な人材のスカウトにも規制をかけたわけだ。

アメリカは、「戦略的に」中国とのデカップリングを進めている

象徴的なものがハイスペック（性能の高い）の半導体だ。

アメリカは台湾、日本、オランダ、ドイツ、韓国を引き込んだ「半導体連合」を作りたいと考えている。ハイスペックの半導体そのものに関しては台湾、韓国、アメリカで三〇年までに脱中国化を目指す。日本では長崎、熊本、北海道で工場建設が進む。アメリカはアリゾナとオハイオに、韓国はアメリカと自国内に新工場を作る。

ハイスペックの半導体製造装置では、すでにアメリカ、日本、オランダで世界シェアの九割を占める。日本もオランダもアメリカに協力することを表明済み。つまり、中国が今後ハイスペックの半導体を作るには、まず、製造装置を手に入れなければならないという大問題に直面するわけだ。

先端半導体が中心になるのは「極超音速ミサイル」や核兵器など最新兵器の心臓部になるからだ。「軍民融合」を掲げる中国に先端技術が渡ると、安全保障上のリスクが高まる。民間用

として売られたものも軍事利用される可能性がある。そのため、民生用からも中国を締め出す必要があるとバイデン大統領が判断したということだ。

二三年六月になって、アメリカはエンテティーリストに、航空関連を中心にした三一の中国企業を新たに加えた。航空会社が使用するアメリカの技術が中国軍のミサイル開発や訓練に使われていると判断したためだ。リストに入った上海スーパーコンピューティング・テクノロジーは「中国軍の極超音速研究を支援するためクラウドベースのスーパーコンピューティング機能を提供している」と説明された。これらは中国の防衛産業の基盤の一部だ。

新たにリストに加えられた中には、中国軍の飛行士を訓練するために元英国軍のパイロットを雇ったとされる南アフリカの航空学校も入った。第三国の関与も許さない、という徹底ぶりだ。

それも頷けるのは、中国が、スパコンなどの先端技術を基礎にした軍事開発を加速しているためだ。二一年には、核弾頭を搭載できる極超音速ミサイルの発射実験を行った。これは、アメリカのミサイル防衛網をかいくぐる可能性がある。

エステベズ米商務次官は「我々は貿易と国の安全保障を天秤にかけたりしない。中国が先端技術を手にいれられなくなれば、精密兵器の能力は時間と共に低下していく」と、企業の売り上げが落ちても安全保障を優先する姿勢を鮮明にした。アメリカは、脱中国で発生するコストをあえて受け入れてでも、国として安全保障を優先させたということだ。

フレンドショアリングの重要性

「フレンドショアリング」とは、価値観を共有する同盟国や友好国でサプライチェーンを再構築していこうという動きだ。鍵は「フェアネス」——公正なルールを守る国同士、信頼を基礎に供給網を作る。フェアでない国への技術の流出は抑えていく。

アメリカだけが厳しい制限をしても、同盟国がついてこなければ、中国は必ず技術確保の抜け道を見つけ出す。となれば、アメリカが同盟国に協力を要請してくるのは明白だ。今後も、アメリカは何としても同盟国を、そして、態度を決めかねている国々を説き伏せる努力をしてくるだろう。

その一つが、国内での補助金だ。半導体やEVなど将来性のある産業には補助金を出すが、そこに中国のサプライチェーンが入っている場合は補助金を出さない。中国企業と約一三〇〇万円以上の取引がある企業もダメ。米インテルやサムソンは、アメリカ政府の補助金を得てアメリカ国内に半導体工場を建設する。アメリカ国内の生産強化だけでなく、同盟国を中心に供給網を築く狙いだ。米・韓は首脳会談で「価値観を共有する国とサプライチェーンを築く重要性」を訴えた。価値観を共有できない国にはできるだけ依存しない、ということだ。

五月にはカナダが、5G通信網からファーウェイとZTEを排除すると発表した。ファーウェイの孟晩舟副会長の逮捕をめぐって関係が悪化したカナダに対し、中国はカナダ人二人を拘束し、キャノーラ油に使われる菜種の輸入も禁止していた。この発表の直前、二人は解放され、輸入も解禁された。オーストラリアやニュージーランド、スウェーデンも同調し、日本も事実上、政府調達からアメリカが禁じている中国企業の製品を排除している。

フィンランドの通信大手のノキアは、ロシアのウクライナ侵攻に伴い、ロシアから撤退した。ノキアは、自社の「特許技術を中国のスマホ大手OPPOが無断で使っている」との訴訟を欧州各国で起こしている。八月、ドイツの裁判所はこれを認め、OPPOにドイツ国内でのスマホの販売を禁じた。この敗訴で、OPPOはヨーロッパでの戦略転換を迫られるだろう。(この逆風はインドでも吹いた。インド政府は、OPPOの現地法人が約七七〇億円に上る「不正な関税回避」をしていたと摘発。シャオミなど他の中国スマホメーカーの資産も差し押さえた)。

ノキアのルンドマルクCEOは「ノキアは民主主義や法の支配を重視している」と話した。彼はまた、こう話す。「IMFは、技術の断片化によって、多くの国でGDPが五%減ると推定する。しかし、国際協力や共通のルール、法の支配の重要性や価値は高まるばかりだ。次世代の6Gは二〇三〇年には実用化されるだろう。6Gが実用化されれば、センサーを使って体からさまざまなデータを取り出し、活用し、医療が劇的に改善する。製造業はＡＩと６Ｇを組み合わせ、生産性を高めることができる」――そんな未来が早くくるといい。

そして六月にはとうとうＥＵが、大きな一歩を踏み出した。「５Ｇ」のインフラから、ファーウェイとＺＴＥの排除を加盟国に要請したのだ。ブリュッセルの本部やＥＵの機関では二社のサービスを採用せず、これまでに組み込んだ機器も順次他社のものに置き換える。加盟国にも同じ要請をした。情報漏洩や有事に通信網をコントロールされるリスクを避けるためだ。

ＥＵは七月、レアアースなど重要物資の中国依存を下げる方針も決めた。

大切なのは貿易額や取引されるものの量ではない。

安く、付加価値の低いものは中国との貿易を続けても構わない。

しかし、中国が、次世代のハイテク分野でイノベーションを起こせないよう、最重要のハイテク分野でリードすることのないよう、慎重に、現在西側が持っている技術を渡さないようにする必要がある。「戦略的なデカップリング」が必要なのだ。

これには、東西冷戦時代の「ココム（対共産圏輸出統制委員会）」が参考になる。ただし、東西冷戦の時ほど陣営がはっきりと分かれていない今の世界では、技術の分野ごとにグルーピングや規制の強弱が必要になる。例えば、量子コンピューターと次世代の暗号技術に関しては、アメリカ、イギリス、オーストラリア、カナダ、ニュージーランドという諜報同盟「ファイブ・アイズ」が主導し、日本も加わることになるだろう。技術分野ごとに分かれたグループの「小さな庭」に、決して核になる技術が流出しないよう「高い塀」を作ることが重要になる。

二二年九月、台湾の検察は、中国大手の上海国微思爾芯の関係先を家宅捜索した。必要な審査を受けずにオフィスを立ち上げ、一〇年間で約三十人の人材を引き抜いた疑いがあるという。台湾は「台湾が技術の優位性を失えば、台中の均衡が崩れる」と警戒。一〇〇社に及ぶ中国企業を調査し「国家安全法」を使い、中国の産業スパイに監視の目を光らせ始めた。

今や、データ通信やメッセージ、メールといった大陸間のネット通信の九五％は海底ケーブルを使っている。ケーブルが陸地と接する場所は政府やハッカーによる傍受に弱いので、最近はここもまた、スパイ行為に対する激しい攻防戦の場になっている。

二三年二月に決まった東南アジアから欧州西部までの一万九千二百キロメートルの海底ケーブルは、アメリカ企業が落札。中国の大手が撤退した。

アメリカは二〇年以降、アメリカと中国、香港などをつなぐケーブルの申請を却下してきた。この動きが世界のテック業界の在り方自体を変えつつある。中国やロシアは、国内の検閲が容易な国内インフラ整備を目指し、西側は、西側の企業が共同して通信インフラを整備していくことになるだろう。

レアメタルやレアアースの供給網でも、フレンドショアリングの考え方が活かせる。

日本は以前、尖閣諸島海域で中国漁船と海上保安庁の船がぶつかった事件をきっかけに中国からレアアースの供給を止められた。レアアースは中国が世界の生産の七〇％を占め、日本は中国からの輸入に全面的に頼っていた。しかし、日本は技術を高め代替品を使えるよう努力しつつ、オーストラリアからの供給やナミビアなど新たな調達先も確保することで乗り切った。それ以降、日本はその手の嫌がらせを受けていない。今や、インドネシアなどから、万一中国から嫌がらせを受けても『日本というお手本がある』と言われる。（日本を舐めると苦いぞ〜！）

実際、中国との完全なデカップリングは簡単には進まない。というより不可能だろう。世界のＧＤＰの一八％を占める国だ。

ＥＵにとってはモノの取引で最大の貿易相手。しかし、台湾有事となればＥＵはアメリカの経済制裁に加わらざるをえない。選択的な多国間デカップリングは否応なく進む。アメリカの消費者市場は、その次の五ヵ国を合わせたものと同じ規模（これもすごい！）で、多くの先進技術を持った国々のリーダーたちは中国への依存度を減らす努力をしているのだ。

日本にとって、ゼロ・チャイナは可能なのか？

日本は、米中の技術デカップリングが進むことを前提に、経営戦略の再構築を急ぐ必要がある。二〇一九年のファーウェイへの輸出規制では、アメリカの技術を使って部品を作っていた日本のメーカーもファーウェイに輸出できなくなり、大混乱した。

日本企業の中国との結びつきは他の国と比べられないほど深い。例えば、部品や材料などの中国からの輸入の八割が二ヶ月間止まると、家電や自動車、衣料品、食品の一部が作れなくなり、約五三兆円分の生産が止まると、早稲田大学の戸堂康之教授らは試算する。

日本のＧＤＰの一割が吹っ飛ぶ計算だ。サプライチェーンから中国を外し、国内や他の国からに変えると年一三兆七〇〇〇億円のコスト増になる。

しかし、企業のアンケート(日本経済新聞)を見ると、社長の九六％が台湾有事を「懸念している」とし「有事を想定した場合の事業計画がある、または検討中」と答えた割合は、八二％だった。経営者はすでに「差し迫った危機の到来」を織り込みながら経営方針を立てているということだ。

たとえば、ホンダは、中国製の部品を極力使わず車やバイクを作るための大規模なサプライチェーンの再編計画に着手。ダイキン工業は二三年度中に中国製品がなくともエアコンを作る供給網を作り上げる方針だ。アップルは、これまでｉＰｈｏｎｅなどほぼ全製品を中国で作ってきたが、最新型のｉＰｈｏｎｅ14はインドで生産する。インドでの生産は二〇年の一％から二二年は七％に増えた。

株価は正直だ。

中国での売り上げが五〇％以上の企業の株価はこの数年、下落しており、二五％未満の企業の株価は二〇〇九年に比べ、六割も上昇している。日本経済新聞の調査では五割の企業が中国からの調達比率を今後下げると回答。代替先は九割が日本国内を挙げた。

この五月、日本とアメリカは、最先端の半導体のサプライチェーン構築で協力することを決めた。回路線幅が二ナノメートル以下の、より進んだ技術での協力や、それらの技術が流出しないための枠組み作りも行う。アメリカは台湾のＴＳＭＣのアリゾナ工場でハイスペックの半導体を作る。日本もＴＳＭＣを九州に誘致し、そこでミドルスペックの半導体生産を行う。国内で「二ナノ」という先端半導体を作ることを目指すラピダスが北海道に、マイクロンが広島に工場を作る。トヨタやＮＴＴ、ＩＢＭとも連携し、新たな市場を切り開く。

日本は、製造装置だけでなく、回路を形成するための感光剤や半導体の研磨剤などの技術で世界でトップクラスの水準を誇る。これらの技術を活かしかつ漏洩を阻止する責任は重い。

日本はＴＰＰとＥＵの協力関係が築けないか、方法を探っている。

夫がイスラエルとポーランドの大使をしていた時、〝Like-minded Ambassadors Group（同じ志を持つ大使の会）〟を作り、価値観や将来の夢を同じくする大使たちと交流を深める努力をしていた。そこにはアジア、ヨーロッパの区別はなかった。今、国単位でそういう努力をする時が来ているのではないだろうか。

常日頃から貿易や人的交流で絆を深め、どこかの国が困難に陥った時には（例えばレアアースをとめられたり）、すぐに協力し合える緩やかなグルーピングが必要だ。第二次大戦前ブロック経済のような硬すぎるものではなく。賢いデリスキングを進めたい。

アメリカのバイデン大統領は、中国を念頭に「独裁者は、民主主義を弱体化させ、国内の抑圧と国外での強制による統治モデルを世界に広げようとしている」と強調した。そして「我々は、ルールに基づく秩序が、世界の平和と繁栄の基礎であり続けるべきという基本的な信念を共有するどんな国とも協力していく」とも述べている。

「今後一〇年が勝負」、というアメリカがどれほど同盟国や友好国の協力を得られるかが、世界の未来を決めることになるだろう。緩やかな結びつきで良い。しかし、いざという時には互いに手を差し伸べられる友好国。

ダーウインは、「強いものが生き残るのではない。その時の環境にうまく適応し、変化できたものが生き残るのだ」とした。これは企業にも国家にも当てはまるのではないだろうか。

第十三章　中国共産党の知られざる仕組みと台湾併合

習近平の妄執——台湾併合
台湾有事は日本有事
考えられるシナリオ
「総力戦」の準備が着々と進む中国国内
中国の台湾侵攻は差し迫っている——これから五年が一番危ない
緊急の課題は「国家機密の守り方」

習近平の譲れない二つの目標

習近平の譲れない目標は、「共産党独裁の維持」と「台湾の併合」だ。

一、共産党独裁の維持

二二年一〇月の共産党大会の結果は、衝撃的だった。人事においては習近平の一人勝ち。チャイナ7と呼ばれる最高指導部七人は習近平自身と彼に近い人物で占められた。二十四人の政治局員もほぼ習の息がかかる人物ばかり。徹底的に異分子は排除され、一九七〇年代生まれの世代は政治局員にも入れなかった。習のあとを継ぐ後継者も見当たらない。つまり「習の次は習」と宣言したようなものだ。

この人事を見て世界の株式市場は急落した。

中国は変わらない。――失望売りだった。アメリカに上場するアリババの株価は二割も下げた。二〇二〇年の五分の一だ。（アリババ株を持ってた方、お気の毒様！）人民元も二〇一〇年以降の最安値をつけた。中国の人口減は、景気回復を長期的に妨げる。しかも経済政策に詳しい実務家を外したため「市場経済からさらに離れるのでは」と心配する声もある。景気対策の恩恵は国有企業に偏り、国有企業で働く人々と民間の賃金格差は広がりつづけ、過去最大の一・八九倍となった。

党大会直後、準大手の不動産会社が、ドル建て債七億ドルの元利払いが滞っていると公表。その後、不払いに陥った民間不動産会社はあっという間に一〇社を超えた。習の指示で銀行が民間企業への融資を絞っていることは明白。スタートアップ企業への投資も九年ぶりの低水準で「イノベーションを核心に据える」という習の言葉がひどく虚しく聞こえる。にもかかわらず、習の権力集中が阻まれないのはなぜか？

それは中国共産党の知られざる仕組みにある。

共産党は、民営企業の中にも共産党員が管理する部署を設けさせている。国営企業の職員は社宅を与えられ、地方公務員は官舎を与えられる。住宅価格が高騰している現在、この利益は大きい。また、中央政府、地方政府、警察、軍、国営企業で働く人には、共産党員であることに大きなメリットがある。これらの組織で幹部になるためには共産党員であることが必須条件で、党内での地位が上がれば自然にこれらの組織での地位も昇進していく仕組みになっているからだ。

地位が上がれば、さまざまな給与以外のメリットがある。

何かの便宜をはかれば、賄賂が入る。誰かのミスを見逃してやっても、賄賂が入る。規制が強まれば強まるほど、彼らのポケットは潤う仕組みになっているのだ。軍内の昇格にすら賄賂が必要なのだから、賄賂は中国社会のあらゆる部分に入り込んでいると言っていい。

また、普通の中国人で医療保険に入っているのは、北京や上海の一流企業の社員に限られるが、公務員と国有企業の職員は同様の医療保険に入り、年金も保障されている。

ゼロコロナですら、彼らにとってはさまざまな「副収入」を得るチャンスだった。規制が増え監視社会が進むほど、彼らの「副収入」も増える。だから、彼らは共産党の存続を願う。

習の思想を勉強し、党内での地位を上げ、より甘い汁を吸おうとする。逆に、共産党の力が弱まるか、万一崩壊すれば、彼らは日頃から恨まれている民衆に手痛いしっぺ返しをくらうことを知っている。つまり習は、軍以外にも約一億人の「共産党員」という兵隊を持っているのだ。彼らへの恩恵を厚くすればするほど習の権力は強まる。たとえ、残り一三億の国民が辛酸を舐めてたとしても。

二、台湾有事と日本

習近平の妄執——台湾併合

習にとって、台湾併合はどうしても譲れない一線だ。

党総書記として三期目に突入した習は党の憲法とも言われる党規約に「台湾独立に断固として反対し、抑え込む」とも明記。演説で「台湾統一のため武力を排除しない」、「祖国統一は必ず実現しなければならず、必ず実現できる」と主張し事実上の公約とした。政治局のメンバーをほぼ掌握し、軍にも自身に近く、台湾情勢に精通した幹部をかなり無理やり引き上げてトップにつけた。ここまでの作業で習は、台湾併合への下地作りを終えたと言える。

あとは、時期が到来し、習近平が「台湾が独立したがっている」と判断するか、部下を送り込んで独立を煽るような動きをさせれば、台湾への軍事侵攻を阻むものはない。

台湾併合への準備は、この五年加速している。独裁政権が民主主義に勝るのは、決定のスピードが早いことと、独裁者の目標のために資金や人材を集中することができる点だ。

中国の軍備増強は異常だ。コロナ禍で経済成長が鈍る中、二三年の国防費は七・二%増。約三〇兆五五〇〇億円だった。日本の四・五倍。三年連続で、この伸びは拡大しているのだ。国防費だけで日本の国家予算全体の四分の一を超える。

特に、台湾有事を睨んだ装備が膨らんでいる。台湾への上陸を可能にするための戦車揚陸船などを二二年までに五十二隻と、一九年から一・五倍に増やした。大量の兵や装備を輸送できる強襲揚陸艦も三隻に。中国軍の艦艇の数だけで言えばアメリカを上回り「今や世界最大の海軍」になった。他の地区の兵士は減らしているのに、台湾担当の兵士は四一万六千人と一九年より八千人増やしている。アメリカを奇襲攻撃できる弾道ミサイル潜水艦も一・五倍。米本土に届く大陸間弾道ミサイルは三倍に増やし、三〇〇基を超えた。

そんな中、李首相は「中国は終始、世界平和の建設者、世界発展の後見者、国際秩序の擁護者であり続ける」と主張した。いったい、どの口がそれを言うのか？　ジョークだとしたら趣味が悪すぎる。本気で言っているとしたら、頭の中の思考回路を一回、見せていただきたい。

台湾有事は日本有事

筆者は権力欲がぎらつく萩生田政調会長は苦手だが、発言の中で一つだけ正しいと思うものがある。「台湾有事は、日本の尖閣問題と切り離せない。『日本有事』と同じだ」というものだ。中国が台湾を占領すれば、尖閣や沖縄を守ることがひどく難しくなる。

台湾は、沖縄県の与那国島から百十キロしか離れていない。二二年八月の軍事演習で中国軍はエリアを与那国島や波照間島からわずか六〇キロの水域まで設定し、実際に発射された弾道ミサイルは日本のEEZに着弾した。尖閣から二〇〇キロほどの距離で、日本を威嚇したものと分析される。習の頭の中では、すでに日本は攻略すべき敵なのだ。

合理的に考えれば、習近平にとって武力で台湾侵攻に踏み切ることは大きな賭けだ。三期目に入ってすぐに大きな危険を犯すとは考えにくい。しかし、私たちはプーチンが、合理性などお構いなくウクライナ戦争を起こした実例を目の当たりにしているではないか。

習近平にとって、国際世論はいざとなれば「紙屑だ」と切って捨てられるようなものだ。南シナ海の領有権についてハーグの仲裁裁判所が下した判決のように。

賭けに出るかどうかは、彼の胸の内ひとつ。国内で共産党、および、彼自身が今の地位を維持するのにプラスとなると彼が考えるかどうか、にかかっている。

彼の脳裏には「歴史に名を残す」ということもあるだろう。豊島晋作氏は著書「ウクライナ戦争は世界をどう変えたか」の中で、「これまでの権力掌握プロセスを見ると、全ては台湾侵攻のため、戦争に異議を唱えさせないためのようにすら思えてくる」と書いている。そして「ある種の合理性を飛び越えれば、戦争は簡単に始まるだろう」とも。


中国が領有権を主張する尖閣は台湾から百七十キロしか離れていない。周辺では、明確に攻撃を受けたと言い切れないグレーゾーンの威嚇が続いている。――八十時間を超える領海への侵入。ほぼ毎日の接続海域での航行。日本の漁船への威嚇《いかく》的接近・追尾など。

筆者は鹿児島県出身だ。中国が鹿児島県内に侵入したニュースを聞くたび、不安になる。屋久島付近の海域に二一年一一月以降、中国軍の船が領海侵入してきたのは八回以上。

一一月一六日、奄美大島でウクライナでも使われているロケット砲システム「ハイマース」

を使った訓練が行われた。種子島の隣にある馬毛島では自衛隊の基地建設が進み、鹿屋航空基地にはドローン配備が進む。住民の間に戸惑いはある。しかし、状況を説明されるうちに住民の気持ちは容認に傾きつつある。中国の無人機は、頻繁に沖縄上空を通過している。

一一月一五日には、中国海警局の艦船四隻が尖閣諸島周辺の接続水域に侵入。問題は、軍のフリゲート艦などに装備される七六ミリ砲とされる大型の機関砲を装備していたことだ。

海警局の司令官は海軍出身の少将が就任。中央軍事委員会の指揮下に入り、今や「第二の海軍」となっている。二二年には二十隻のフリゲート艦が七六ミリ砲を装備したまま譲渡された。つまり海警局の実態は「軍」だ。しかし、今の日本の法律では海上保安庁しか対応できない。たとえ「海上警備行動」が発令され、自衛隊が出動できても警察と同様の武器しか使えない。七六ミリ砲を装備した船にピストルでどう対抗しろというのだろうか。

中国の空母「遼寧」は一二月一六日、艦艇五隻と共に沖縄本島と宮古島の間を通過。この間、艦載されているヘリコプターが東シナ海で発着艦している。五月に遼寧が太平洋に入った際には戦闘機やヘリが三百回以上発着艦している。日本が断固とした対応を取れないグレーな行為を重ね実績を作っていく中国の「サラミ作戦」。そんなものに国の領土を侵されたくない。

ならば、そういうことを中国が行えないよう明確なメッセージを送る必要がある。グレーな行為にも断固として対処できる法律を作る。それこそが、本当の意味で「戦争をしない国を作る」ことにつながるのだと思う。声がかれるまで「戦争反対」「平和憲法維持」を叫んだとしても、習近平が耳を貸してくれるとは到底思えないからだ。

石垣島の市長は「住民避難のシミュレーションが必要。自衛隊や米軍の船も使ってほしい。スピードが大事だから」「石垣に駐屯地がないのは非常に危険だ。国全体を守る中で、配備を容認した」と苦渋の決断を語った。石垣島では二三年三月自衛隊の駐屯地を開設。五百七十人を駐在させ、地対艦ミサイル・地対空ミサイルが配備された。すでに電磁波で敵の通信やレーダーを妨害する電子部隊が奄美大島や宮古島にあるが、近く与那国島にもおく予定だ。

沖縄の人々は事態の切迫を肌で感じ始めている。石垣市、竹富町、与那国町は国や県に「住民避難のシミュレーションをするよう」求めた。戦闘機の落下や墜落、流れ弾によるリスク。シェルターの設置も必要だ。巻き込まれる恐れの強い地域では、人々は現実を直視し始めている。

日本人全体への影響も大きい。日本は輸出入の九九％以上を海に頼る。台湾有事なら遠回りする民間船のコストは上昇。今と比べ物にならないインフレや物資の不足が襲う。

考えられるシナリオ

一旦侵攻を決意すれば、中国は救援に来るアメリカ軍を台湾に近づけないことに集中するだろう。台湾軍と在日米軍だけでは、人民解放軍の三分の一の兵力にもならないのだから。まず、日米の目や耳を使えなくするために偵察衛星を破壊、もしくは機能不全にする。素早く行いたいだろうから、地上からの衛星攻撃も考えられる。同時に大規模なサイバー攻撃で、台湾の機能を麻痺させる。

その後、台湾の防空能力が対応できないほどの大量のミサイルで、できる限り多くの軍事施設を破壊する。何千というドローンで歩兵を攻撃する。台湾総統の暗殺も狙うだろう。圧倒的な戦力を投入し、短期決戦を目指す。そのためあらゆる民間船も漁船も動員する。

最も確率の高いシナリオは、台湾侵攻直前に「中国が周辺海域と空域を封鎖する」ことだ。そうなれば、与那国島、宮古島、石垣島は事実上、中国の支配下に置かれることになる。特に与那国島は台湾の東側に中国軍が回りこむルート上にあるから危険だ。島民の安全は保証されない。中国の艦船に囲まれ、頭上に中国の戦闘機が飛ぶ可能性がある。

場合によっては、台湾が領有権を主張している尖閣諸島も脅かされる。二三年六月一日、習近平はトップ就任後初めて、「昔から、琉球との関わりが深いことは知っていた」と発言。改めて、尖閣などの領有権問題で揺さぶりをかけてきた。

アメリカは本気で台湾を守るか？

バイデン政権になり曖昧《あいまい》戦略から転換したアメリカ。

台湾北部には中国からアメリカに向かって発射される弾道ミサイルを素早く感知するレーダーがあり、台湾はアメリカにとって中国を抑え込む際の不沈空母のような役割を果たすことができる。

また、「民主主義」という価値観を共有する台湾をアメリカが見捨てれば、今、アメリカが中国に対して構築しようとしている「民主主義」と「人権」という価値観を共有した『同志国という緩やかな連合体』が崩壊する恐れがある。同盟国もアメリカを信じなくなる。

だから、アメリカは本気で台湾を守ろうとするだろう。

中国は最初、アメリカを参戦させないよう試みる。「国内問題だ」と言いはって。

しかし、バイデン政権は、ある程度台湾が持ち堪えれば、参戦する可能性が高い。武器だけ与え支援するウクライナ方式は台湾では通用しない。台湾海峡を挟んで、周辺の兵力は中国が四一万、中国全体では一〇四万。対する台湾はわずか九万。二三年になって兵役延長・予備役を総動員しても十八万。防衛予算は中国二千九十億ドル（二一年）で、台湾の一三倍だ。アメリカの介入なしに台湾が独立を保てる確率はほとんどない。

バイデン政権は、対艦ミサイルハープーンなど約一五〇〇億円の武器を台湾に売却することを承認した。台湾海峡を渡ってくる中国の艦船を狙うためだ。「台湾は上陸阻止に徹してもらいたい」――これは、米軍の冷徹な分析だ。今から台湾が海軍に力を入れても間に合わない。艦船の数も少なく、演習を重ねてきた日本やオーストラリアと違い、米軍と緊密に連携できるかも怪しい。ならば、中国の上陸阻止に全力を傾けてもらうしかない――。

米軍嘉手納基地で老朽化した五四機のＦ15戦闘機を二年で退役させ、順次Ｆ16に置き換えようとしているが、その間、守りは手薄になる。二三年一月、アメリカは地対艦ミサイルを持つ「海兵沿岸連隊」を二〇二五年までに沖縄に置くと発表。

一方、中国は急速に軍事力を増強している。特に急いでいるのは核戦力。中国は本土から日本や周りのアジア諸国を狙える中距離弾道ミサイルなどを三〇〇基近く保有する。

このため、二五年ごろに西太平洋で、米中の軍事バランスは中国が優位になると分析されている。それをどう補うかが、知恵の絞りどころなのだ。バイデンは、『統合抑止』を狙う。これは、同盟国、パートナー国と連携しながら中国に対処していこうという試みだ。日本、オーストラリア、韓国、シンガポール、フィリピン、インド。。。「協力体制を明確にすること」で、中国の動きを封じたい。フィリピン初め、東シナ海周辺などに部隊を分散させる戦略もその一つだ。

抑止に失敗すれば、大変な犠牲が出る。

日米の民間シンクタンクが二二年から二三年にかけ台湾有事の机上演習を行なった。いずれも辛くも中国の制圧は止められるものの、米軍にも自衛隊にも多大な被害がでる。数年前までアメリカ優位だった戦力差は縮まっていることが明白になった。しかも、これは現時点での軍事装備を前提にしているため、今後中国に軍事的バランスが傾いた時に、これらのシミュレーション通りには進まない可能性が高い。

万一、習近平が武力侵攻を決断した場合、中国は在日米軍基地を叩いてくる可能性が高い。おそらく沖縄本島の米軍基地に先制攻撃を仕掛ける。台湾に駆けつけられないように。

これはもう、日本の主権侵害だ。日本は国土への攻撃とみなし、自衛隊による本格的な軍事行動を起こさざるを得ない。「日本の存立が脅かされ、国民の生命、自由及び幸福追求の権利が根底から覆される明白な危険がある『存立危機事態』」なのだから。

辛くも中国の武力制圧を食い止められたシミュレーションの鍵は、日本の行動の素早さだった。

①その時の総理が「国家非常事態」を宣言し、米軍が基地から戦闘行為に出ることに同意する。

一部の自衛隊の基地や民間空港の利用も認める。

②米軍の利用する自衛隊基地に攻撃を仕掛ける作戦が事前にわかったため、日本が自国に危険

が及ぶと判断する「存立危機事態」が認定され、日本が直接攻撃を受けていなくとも「集団自衛権」を発動。自衛隊の護衛艦やF35戦闘機が中国へのミサイル攻撃に参加。

これだけの条件が揃っても、シミュレーションでは辛勝で、犠牲は大きかった。

もし、日本政府の動きが遅れたら。。。西側諸国はもっと大きなダメージを被ることになる。

「台湾侵攻の鍵が時間との戦いである」、というのは、習近平にとってだけではない。西側陣営にとっても同じなのだ。

だが、実際台湾が攻撃されれば、どうしても台湾にいる日本人二万人を自衛隊機で救出する必要がある。万一、その際中国からの攻撃があれば、日本は反撃せざるをえない。この場合、日本が攻撃を受けているので「日米安保条約」が発動される。

また、「日本と密接な関係にある他国に対する武力攻撃が発生し、これにより日本の存立が脅かされ、国民の生命、自由及び幸福追求の権利が根底から覆される明白な危険がある事態」も『存立危機事態』だが、これが国会で承認されれば、米軍が中国に攻撃された時点で、日本は米軍の支援や必要最小限のレベルで集団的自衛権を行使できる。アメリカは「日本と密接な関係のある国」で、アメリカの核の傘なしに日本が中国やロシア、北朝鮮から国を守ることができないのは明らかなのだから。

そうでなくとも、海上交通に大きな影響が出て物流の混乱やガソリン価格の急上昇などが起これば、政府は「重要影響事態」と認定して米軍の後方支援や防護を行うことになる。「重要影響事態」とは「放置すれば我が国に対する直接の武力攻撃に至る恐れのある事態」で、閣議決定し、国会の承認が必要だ。

しかし、「グレーゾーン」の範囲内で物事が進めば「重要影響事態」認定が遅れる可能性もある。となると自衛隊は米軍の後方支援や防護ができなくなる可能性がある。「戦闘が行われている現場では、自衛隊は米軍の後方支援や防護などの活動はできない」という規定があるからだ。

しかし、オーストラリア軍やアメリカ本土からの増援が来るには数週間かかる。その場合「緊急の必要がある場合、国会の承認前に後方支援活動を行うことができる」という特例が適用される可能性がある。政府はその後速やかに国会の承認を得なければならないが。

一つ有効な手段になりうる方法がある。

中国は大量のドローンを使って無差別攻撃をしかけてくると思われるが、そのドローンの制御は衛星の北斗システムに頼っている。だから危険な徴候が見えた際に「北斗システム」を無力化できるなら、台湾有事は日米にかなり有利になる。うまくいけば軍事侵攻そのものを止められるかもしれない。衛星なしで戦う不利はウクライナ戦争で実証ずみなのだから。けれど、おそらく日本はこれを行えない。「専守防衛」の金看板があるから。

ここまで説明しても「日本は参戦すべきでない」という意見は残るだろう。

しかし、今、アメリカがなんとしても守るとしている台湾侵攻で、米軍が攻撃され、自衛隊が支援しなかった場合、アメリカは「尖閣諸島が攻撃されても参戦しない」というしっぺ返しもできることを知っておいてほしい。

日米同盟は「互いの国が攻撃された場合互いの防衛義務を負う」としているが、実際の参戦は、事前の議会への説明の努力、事後四八時間以内の議会への報告、六〇日以内の議会からの承認などのプロセスが必要とされている。それらができない場合や、条約の細かな部分で「該当しない」と判断されれば「日本を守れない」というケースだってありうるのだ。

国際関係は、国益重視の、冷徹なものだ。信頼関係やギブアンドテイクのメリットがない場合「安保条約があるから大丈夫」と安易にあぐらをかいてはいられない。逆に言えば、日本が価値ある国と認められ、信頼関係を築けていれば、議会の承認前でも大統領権限で派兵できる。ウクライナも、自国で身を挺して戦っているからこそ、今の支援が続いているのだ。

だからこそ、「台湾有事」を起こさないために

だからこそ、「台湾有事」を起こさないことが必要となる。

間違っても、習近平に「プーチンの失敗から学んだから、中国はもっと上手くやる」と思わせてはいけない。二二年に入ってアメリカ、フランス、イギリスの議員団やオーストラリアの首相が台湾を訪問し、ようやく日本も議員が訪台した。全ては、中国の侵攻を抑止するための努力なのだ。

ウクライナ戦争が長引きそうな今、アメリカの力は分散されている。

兵器の在庫も少なくなっている。

なんとか早く、アメリカの「全力」を東アジアに引きつけることが日本の使命だ。

アメリカは長距離対艦ミサイルの増製を急ぐ。米航空機の台湾接近を阻もうとする中国の艦をできるだけ遠方から沈めるためだ。それができれば味方の犠牲を最小限に抑えられる。

誰も戦争は望んでいない。（多分、習近平以外は）

中国を思いとどまらせるための努力は、どれほど重ねても足りないくらいだ。

しかし、中国国内で進む台湾侵攻への下準備
習近平直轄の公安・警察ができる？

習が権力を拡大する最大の武器が汚職追放キャンペーンだったことは多くの人が知っている。二〇二二年一〇月の共産党大会直前、政府は、これまでの一〇年間に習近平が四六四万件以上の腐敗を摘発したこと、立件された高官は五五三人にのぼることをわざわざ公表した。有罪となった幹部の中には、公安幹部や軍高官も多く含まれる。そして、「習近平の三期目入りを確実にするためにどうしても必要だった摘発の準備」は、二〇一八年には始まっていた。

世界一九〇カ国・地域が加盟するインターポール（国際刑事警察機構）の総裁孟宏偉がインターポール本部のあるリヨンから本国に一時帰国後、行方不明になったのだ。世界を股にかけ犯罪者を捜索する権威ある国際機関のトップが突如消息を断つなど、前代未聞の出来事だ。

リヨンに残った妻がフランス政府に捜索願いを出した。まもなく、彼が中国政府に拘束され国家監察委員会の調査を受けていたことが判明すると、世界は再び「異質な中国」に驚愕した。

しかし習には、この時期に彼を失脚させなければならない理由があった。

憲法改正で「二期一〇年」までという国家主席の任期制限は撤廃されたが、党内には強い反発が渦を巻いていた。これを抑えなければならない。反旗を翻《ひるがえ》すものが出ないよう、見せしめ

が必要だ。こうして、世界の目と常識を無視するかのような異常な事件となったわけだ。

続いて二〇年、再び事件は起こる。中国の警察組織を束ねる公安省の次官、孫力軍が何の前触れもなく失脚した。

この二人の共通点は一つ。以前、習の政敵、周永康に仕えていたこと——。

つまり、無期懲役になった周永康に今も忠誠心を抱き、自らに完全な忠誠を誓っていないと疑った習が二人を失脚させた。——公安部は反習近平派の牙城だった。その「大掃除」がこれで終わった。——三期目入りを目指すにはどんなに小さな裏切りの可能性も見過ごせなかった。心の底でたぎり続ける習の執念が感じられる。習はこれを機に警察（公安）、司法の完全掌握へと突き進む。

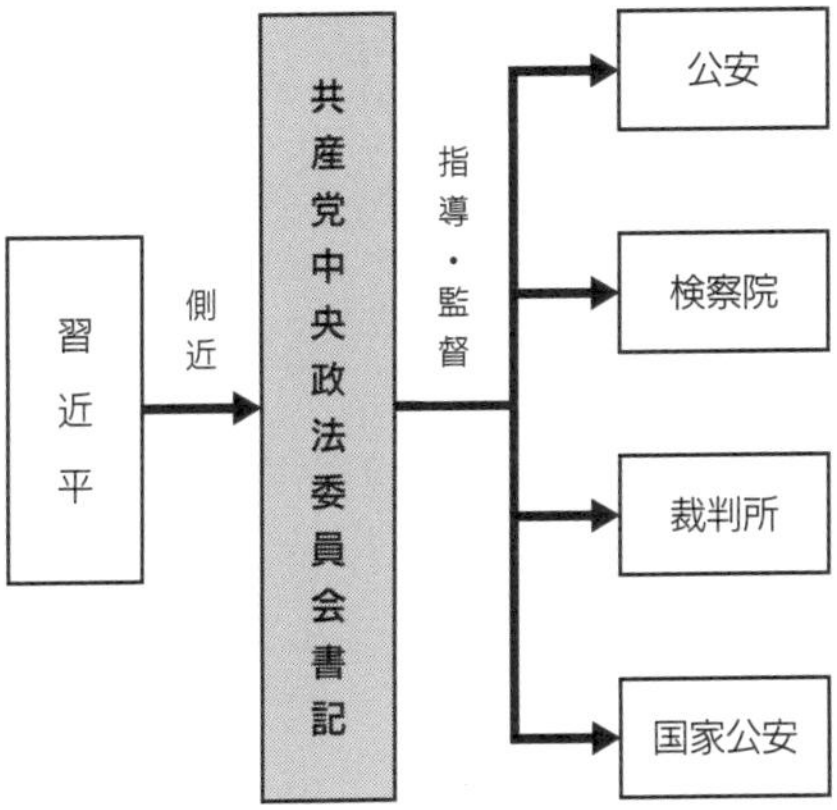

習は、共産党中央政法委員会書記に側近を据える構えだ。中央政法委員会書記は、公安相や司法相、検察のトップよりも格上で、地方にいる官吏を束ねて全国の事件の処理や裁判の判決に影響を及ぼすことができる。
また、習は、政治局員全員、全人代（国会にあたる）や政府、最高人民法院の幹部に、活動状況を直接書面で

自分に提出することを義務づけた。これにより、習近平は党のみならず、立法、行政、司法も直接指導できる圧倒的な権限を握った。

そして今、国家安全と公安の組織が格段に増強される兆しがある。党中央の「核心」である習が事実上直接指揮できる公安権力の人員が倍増される可能性があるのだ。「白紙運動」などに危機感を抱いた動きだ。これでますます、中国国内での習の力は強くなる。

「中国の完全な封じ込め」――党大会の直前にバイデン大統領が発表したパッケージの意図は明確だ。三期目に無事就任した際も、プーチンと金正恩からはすぐさま祝電があったが、一夜明けてもバイデンからはなかった。あのトランプですら再任の際には電話をくれたというのに…。近いうちに、アメリカとぶつかってでも祖国の完全統一を成し遂げなければ――。習近平の胸の内で、その覚悟が固まったことだろう。

党大会の活動報告で、習近平は「『外部勢力』が台湾海峡の緊張を高めている」と非難し「中国が武力行使せざるをえなくなったなら、その責任は『外部勢力』にある」と述べた。

繰り返すが、この『外部勢力』は第一にはアメリカだが、習の考える二つ目の国は日本だと心に刻んでほしい。これは決して変わらない。日本のEEZ内に五発ものミサイルを撃ち込んだのは、決して偶然ではないのだ。日本がいくら「反戦」を叫んでも習の耳には届かない。

「総力戦」の準備が着々と進む中国国内

党大会で習近平が前面に押し出したのは「強国」という概念。

海外に依存しないハイテク技術の開発を加速させ「製造強国」を目指す。

ハイテクによる軍隊の現代化で強い軍隊を作り出す「科技強軍」

宇宙閥と呼ばれる軍系企業の幹部を優遇して進めてきた「宇宙強国」

ネットや携帯電話での言論統制はさらに強まる。そのため、政府が直接管理・監督する国有企業がアリババ集団などネット大手三社と戦略提携に乗り出した。実質は「のっとり」だ。

中国版チャットを運営するテンセントも同様。当然、全ての新会社の主導権は国にある。

まるで、『戦時の言論統制』だ。

市内各所には、政府直営の商店を配置し、いざというときに「配給所」となる拠点ができつつある。あらゆる分野で「軍民融合」が加速し、「挙国体制」が整備されていく。

中国社会は、ますます「戦時統制」の色を帯びていく。

日本経済新聞は、軍民一体の「総力戦」に中国が動き出したと断じた。

習は「今や『国防』を名目に自在に一四億人を動かせる」というのだ。何と恐ろしいことか。

その証拠に、台湾沿岸の福建省や広東省では、民間を巻き込んだ訓練が始まっているという。衛星写真や、船のトラッキングシステムを使って軍事専門家らと解析した結果、アモイから出航し不審な動きをしていた民間のアジア屈指の大型貨物フェリー「渤海恒通」が台湾海峡に姿を現した。待ち構えていたのは、海上の数十台の水陸両用戦闘車だった。

つまり、人民解放軍の輸送能力が足りないのを補うため、民間のフェリーが動員され、戦闘車両を目的地まで運ぶ訓練だ。日経新聞は、台湾侵攻へ、民間の船が作戦の一端を担う訓練の、まさに要の瞬間を捉えたのだ。

習は、プーチンのウクライナ侵攻の推移を注意深く観察していた。

ロシア軍の動きは鈍く、明らかにミスを犯していた。

『兵貴神速』――兵は神速を貴ぶ。中国の格言だ。

「台湾対岸にいかに早く、多くの兵器を集結させるか、中国の狙いは台北急襲にある」台湾・国防安全研究院の王氏は解説する。「時間がかかればかかるほど、米軍などの支援で戦況は中国に不利になる」。しかし、行く手には海があり「侵攻に必要な二〇万～三〇万の兵士を送り込むには人民解放軍だけでは圧倒的に輸送力が足りない」と、笹川平和財団の小原凡司上席研究員は指摘する。これが、急速に増えた「総力戦訓練」を繰り返す理由だ。使えるものは何でも使う。

「サイバー要員が足りない。ファーウェイやテンセントからサイバー部隊へ動員ができるようにしたい」――動画共有サイトに五月に流出した音声だ。五月には実際に広東省内で民間動員を想定した極秘の軍事訓練があったという。「総力戦」は、民間船の徴用にとどまらない。

党大会でも、習近平は、「世界一流の軍隊になることを加速せよ！」と号令をかけた。

北京市内には「シェルターはこちら」と記した標識も目立ち始めているという。

反習近平派の勢力はまだ、残っている。習には、うむを言わせぬ実績が必要だ。

この任期中に台湾併合を成し遂げれば、第四期目への道が開ける。それどころか、毛沢東ですらなし得なかった偉業を成し遂げれば、終身総書記の座すら手に入るかもしれないのだ。

その時こそ、中国の「偉大な皇帝」が復活することになる。

中国の「強国」は時間との戦いだ。

しかし、新型コロナによる経済の低迷、膨大な債務、人口減少、食料の他国への依存（特にアメリカ）。――「強国」への道を阻む要素はあまりにも多い。

しかも、習近平が「核心」と位置付ける半導体開発を巡ってさえも、国内の腐敗した習慣が妨げになる。中国では二〇一四年以降、習の号令一下、国有銀行などから約一八兆円の資金が

「大基金」に集められ「半導体強国」を目指してきた。しかし、二二年七月に「大基金」のトップや半導体大手のトップなどが次々と身柄を拘束された。集めた資金の一部を私的に流用した疑いがかけられている。中国の半導体の輸入額は約五七兆円で、依然として海外への依存は高い。中国メディアによる数字でも自給率は二～三割にとどまる。今回の摘発には、半導体産業が期待ほど成長していないことへの習の苛立ちが現れているようだ。

中国包囲網も進む。味方として引き入れたかったドイツが、一一月、突然国内の半導体工場の中国企業への売却を禁止した。一〇ヶ月にわたる審査を経て、承認される寸前の出来事だった。ドイツ政府は、同じ半導体関連のERSエレクトロニックへの中国からの投資も阻止。

そのショルツ首相は二三年春、外相・国防相ら六人の重要閣僚を連れて日本を訪れ、日本との関係を新しいステージに引き上げ、あらゆる分野で連携を深めていくと宣言した。これは、メルケル前首相時代の中国偏重からの転換だった。「G7代表は中国であるべきじゃないかしら」――。ビジネスだけの損得勘定で言えば、当時経済が急成長していた中国がメルケル前首相にとって魅力的だったろうことはわかる。しかし筆者はこれを苦々しい思いで見ていた。

民主主義を守り、人権を重視し、法の支配、誠実に（もちろん一〇〇%の日本人がそうだとは言わないけれど）、汗を流し、自分たちの頭で工夫し、敗戦の瓦礫の中から世界第二の経済大国を作り上げた日本人の真摯な姿勢と彼の国を一緒に論じてほしくなかった。他国から情報や技術を盗み、人を騙《だま》してのし上がり、国内には賄賂が横行し、共産党幹部は国民の生活など顧みない、そんな国と並べて考えられることは日本人にとって大変な侮辱だ。

ショルツ首相は、二二年、アジアにおける初の外遊先にも中国ではなく日本を選んだ。日本重視へのシフトだ。台湾有事についても「現状変更を武力で行ってはならない」と中国を牽制した。「ドイツを引きこめばEUは後からついてくる」と言ったのは、皮肉にも北京大教授だ。

——安全が保障されなければ自由も安定も繁栄もない——二三年六月には初めての国家安全保障戦略を策定した。国防費をGDPの二％と明記。中国の覇権主義的な動きに懸念を示し「中国はパートナーであり競争相手。我々の価値観と異なる行動を繰り返している」と厳しい言葉を盛り込んだ。今後は中国への過度な依存を低減していく。ドイツの最大のモノの貿易相手は中国で、ドイツのメーカーの多くが中国をサプライチェーンに組み込んでいるし、マーケットと見ているので、難しいことではあるが、ロシアのウクライナ侵攻で冷戦後の国際秩序が揺らぎ、ドイツは「歴史的な転換」を選んだのだ。

バイデン政権が主導する「中国封じ込め」は着々と進みつつある。

イギリスの新しい首相となったスナク首相は、全国に三〇余ある孔子学院の閉鎖を検討している。孔子学院が中国語教育だけではなく、中国の情報機関と連携して、情報収集などの活動をしているというのが理由だ。スナク政権は「ロシアが中国やイランとの関係を深め、安全保障環境を悪化させている」「中国が南シナ海や台湾海峡で攻撃的な姿勢を強めている」とした。

イギリスは世界最大級の洋上風力発電国だが、日本と連携することでアジア太平洋地域でリーダーシップを発揮できると期待する。

中国のプロパガンダや諜報活動を行っていると欧米で非難される「孔子学院」は、二二年の段階で日本にも一三の大学内にある。早稲田、立命館、桜美林、北陸大学、愛知大学、関西外国語大学などだ。活動が不透明として二つの孔子学院は閉鎖された。CIA長官が「真のリスクだ」とまで言った組織の継続には厳しい対応が必要なのではないか。大学側にも責任がある。

二三年六月、日本に留学していた中国人女性が香港に帰郷した際に逮捕された。女性が日本にいる間、フェイスブックなどで香港独立について書いた投稿が国家分裂を扇動し、「香港国家安全維持法」に違反する、と言う理由だった。中国が日本を含む海外でも政治的な監視を強めている。その目となり、耳となっているのが「孔子学院」であり、「海外派出所」なのだ。「自由な国日本」で行われた投稿が、逮捕に至った事実の重さを考えてほしい。

中国の台湾侵攻は差し迫っている――これから五年が一番危ない

筆者は、台湾をめぐる情勢は、非常に際どいところに来ていると考えている。

中国は、あらゆる準備を急速に整えつつある。

軍創立一〇〇周年となる二七年が最も危険だが、早まる可能性もある。

なぜなら、現在中国が直面している問題がひどく厳しいからだ。

中国はかつてないほど、弱っている。消費マインドは冷え込み、経済の低迷が国民に実感されてくる。人口が増える見込みは無く、若者の失業者が増えれば、社会は必ず不安定になる。

銀行への信頼が無くなれば、取り付け騒ぎも増えるだろう。「上場企業の不良債権の潜在的比率は一〇%に達し、今後一〇年間、今と同じペースで進めば、二〇二七年の中国企業全体の不良債権額は一六兆元に膨らむ可能性がある。政府の歳入の七割近くに達する」と日本総合研究所は指摘する。そうなれば、金融不安のコントロールはひどく難しくなる。

アメリカ主導の封じ込めがうまく進めば、半導体で中国はさらに遅れをとる可能性も高い。経済が良くならず、国内の情勢が不安定でまとまらないときに、外に敵を作り国内を無理やりまとめる手法は歴史の中で繰り返されてきた。

アメリカと中国が全世界の総力戦で戦うとしたら、まだ、アメリカは優位を保っている。NATOなど、同盟諸国の存在も大きい。

しかし、西太平洋だけに限れば、中国の戦力は今や、圧倒的にアメリカを引き離している。日本経済新聞の秋田浩之氏によれば、中国の戦闘機、水上戦闘艦艇、潜水艦は、米インド太平洋軍の五〜五・六倍に達し、ミサイル戦力ではさらに大きく引き離している。今足りないのは台湾への上陸作戦能力のみ。それも、いずれ克服されるだろうという。実際、中国は猛烈な勢いで、兵員や戦車を運ぶ揚陸船建造を行なっている。

米軍が駆けつける前に素早く台湾を奪取できれば、国民のヒーローになり、毛沢東ですらできなかった偉業を達成し、歴史に名を残せる。いったん、台湾を支配下に入れてしまえば、西側もそう簡単には手は出せないだろう。台湾に残る「独立派」は、ゲリラ戦を仕掛けるかもしれないが、中国の力を持ってすれば、押さえつけることができる。——習近平がそう考えても不思議ではない。

ハル・ブランズ&ジョン・ルイス・キャディスは「かつての東西冷戦では、双方が『時はこちらに味方する』と考えたから、米ソが直接対決する熱い戦争にはならなかった」と書いた。では、今、もしどちらかの大国が、「時は相手を利するのみ」と考えたら、何が起こるのだろう。

そして台湾侵攻が始まれば、台湾に近い与那国島をはじめ日本の領海や領土に飛び火する可能性は極めて高い。これをなんとか阻止したい。それが、この本を魂を削るような思いで書いた理由だ。

戦争回避のために日本にできること

日本にできることは沢山ある。

民主主義を守りたいと考える国々との連携を強化し、支援できることは支援し、万一の時に共同で動けるよう信頼関係を作り上げておかなければならない。

そして、それを形にして見せつけなければならない。それによって、中国に武力で勝利することは難しいと、思いとどまってもらわなければならないのだ。

NATOとの連携も可能性として探る。

オーストラリアと構築してきた「準同盟」的関係をイギリスとも作ることに最大限努力する。

日・英・伊で、次期戦闘機の共同開発・生産をする計画は動き出している。自衛隊と英軍が共同訓練しやすくするための「円滑化協定」もまもなく結ばれる。イギリスは、二一年からASEANの「対話パートナー」になった。TPP加盟も決まった。

フランスのマクロン大統領は、「欧州とインド太平洋の安全保障は不可分だ」と訴えた岸田首相の訴えに賛同。インド太平洋地域への関与を強める方針を表明した。フランスは、インド太平洋地域にニューカレドニアなどの海外領土を持つ。ASEANの「対話パートナー」になりたいという抱負も述べた。NATOは二四年に日本に事務所を設置する予定だ。「サイバー攻撃など安全保障はもはやグローバルに取りくまなければ。日本は重要なパートナーだ」と言う。

そのほかに、アジアの国々への援助も必要だ。

自衛隊の中古装備を無償で、南シナ海などの危機を抱えた友好国であるアジアの国々に供与する仕組みをさらに広げていく。ウクライナのように「国際法違反の侵略」を受けた国に防衛装備を迅速に供与する仕組みも作らなければならない。

そして、ロシアの原油を大量に買うことで、ロシアのウクライナ戦争の戦費をまかなっている中国。なんとかロシアと中国の間に楔《くさび》を打ち込む方法を考えなければならない。ロシアが中国の意のままになると言うのは、日本にとって、最悪の事態だ。中国企業が抜け穴となってロシアへ戦闘機の部品や電波妨害の機械や半導体が輸出されている。

驚いたことに日本メーカーの半導体が一年強で少なくとも一五億円分、ロシアへと流れていたことが判明した。約七割は中国、そのほか韓国やトルコという第三国を経由して。日本の法律では、一旦輸出した製品をさらに他の国へ輸出されることに規制をかけられない。これが、中国とロシアの絆を深めるようなことになるのは見過ごせない。——ウクライナだけでなく、日本自身のためにもこれを止めなければ。中国・ロシア・北朝鮮が連動して動くようなことがあれば、最悪の事態だ。中国は台湾侵攻から目をそらすため、他国をけしかけかねない。

道のりは遠いが、国連改革もなんとか断行しなければならない。

ロシアがウクライナに侵攻しても、北朝鮮がミサイルを日本のEEZ内に打ち込んでも、中露の拒否権で安全保障理事会がなんの対策も打ち出せないままでは、国連の機能不全だ。ドイツなどと手を結び、「拒否権」の在り方、常任理事国の在り方を検討すべきだ。

緊急の課題は「国家機密の守り方」

もう一つ。日本が西側先進国の一員として、決定的に欠けている部分がある。

それは、機密情報の取り扱い方、機密情報の漏えいを防止することの重要性が、全く認識されていないことだ。法律も整備されていない。機密情報というのは、「政治・軍事上極めて重要性の高い事柄についての秘密」だ。

安全保障関係の特定秘密を漏えいすれば一般人も罰せられる「特定秘密保護法」が施行されたのは、二〇一四年一二月。それから、私たちの意識は変わってきただろうか。

公務員は「国家公務員法」「地方公務員法」「自衛隊法」などで厳しく秘密の漏洩を禁止され、万一漏洩すれば、罰せられる。しかし、量刑としては軽すぎる。最高で、懲役一〇年。

アメリカなどで重大な国家機密を漏らせば、極端な話、死刑もありうる。国を危険に晒した「国家反逆罪」が適用されるからだ。

そして、何より問題なのは政治家だ。

政治家がなんらかの関係部署に就けば機微な情報も共有される。しかし、大臣ですら、閣議で宣誓するだけで、「機密を守ること」が重要事項として意識されているとは言い難い。この国では、政治家に対しての機密保持の縛《しば》りがあまりにも弱い。とくに若手の政務官などに、本当に責任の重大さが意識されているのか、大きな疑問が残る。

ウクライナを訪問した岸田総理の情報も漏れていた。与党の幹部からだ。この緩さ。危機感のなさは異常だ。政治家にしっかりした「保秘義務」（機密情報を守る義務）を負わせなければ話にならない。情報漏洩《ろうえい》が国家の存亡に関わると言う認識を持つ政治家がどれ程いるのか？

多くの国で、国の安全を危険に晒した人間は終身刑か死刑だ。政治家だからといって許されるわけではない。むしろ、最も責任重大なのではないか？　彼らに「国を守る重大な責任を負っている」と言う意識が希薄なのが大問題なのだ。政治家の自覚のなさこそが、私達国民にとって最大の脅威だ。同時に、「安定した国家」を維持することがどれ程重要か、国民一人一人が意識していないことが。

日本はアメリカの同盟国である。

イギリスとオーストラリアとは、日本は準同盟国と言える関係を築こうとしている。

アメリカ、イギリス、オーストラリア、ニュージーランド、カナダがテロや安全保障に関する情報の共有を行う「ファイブ・アイズ」に日本を加える動きがあるが、日本から機密情報が漏れることを警戒する声がネックになっている。このメンバー国に入っているのと、いないのでは、国の安全を守る情報をいかに早く入手し、対策を練れるかに、大きな差がでる。

日本は今、国を上げて「情報を守ること」の大切さを考え直すべき時が来ている。

関連して、もう一つ。

日本が緊急に取り組まなければならない課題がある。「サイバー防衛」だ。

サイバー攻撃は世界的に増加。「チェック・ポイント・リサーチ」によると二二年一〇～一二月の攻撃件数は一企業・一組織あたり、週平均一一六八件だった。日本でも約三〇％増え、過去最高。海外からの攻撃は三年で倍増した。先進国で最も『穴だらけ』と言われる脆弱性《ぜいじゃくせい》が海外のハッカーの格好の餌になっている。これも早急に解決しなければ――。

今後、日本はサイバーセキュリティでイギリスと連携を深める。ともにアメリカの同盟国で価値観を共有し、インド太平洋に軸足を移したいイギリスの思惑とも合う。ＮＡＴＯのサイバー防衛協力センターの演習にも、日英合同チームで参加。デジタル・パートナーシップも結んだ。

実際日本は、クアッドの枠組みでもサイバーセキュリティー・パートナーシップを立ち上げアメリカとの一段の協力でも合意。また、サイバー能力の高さから、西側の連携の中心となると思われる「ファイブ・アイズ」にも急接近し、テロや軍事情報の共有を進めている。

しかし、筆者がこれまで経験した外交現場は「ギブ・アンド・テイク」が基本の冷徹な世界だ。サイバーで世界一位のアメリカ、四位のイギリス、五位のオーストラリアにいつまでもおんぶに抱っこではいつか見放される。急いで、この分野でも貢献できる実力を身につけなければおいていかれる。「仲間」とみなす国から情報を共有してもらえないようでは、今後、日本は衰退の一途を覚悟しなければならない。

ただでさえ、日本の人口は減っていく。そうなれば、マーケットとしての価値も低下する。一人当たりのGNPは今や三十三位。北欧は勿論、ヨーロッパの主要国にも差をつけられている。後ろを振り返れば、欧州経済危機で必ず名前が上がるイタリアだ。購買力平価で言えばもっと酷い。韓国より下の三十九位。「世界第三位の経済大国」は人口があってこそ。

人口が減るなら、それを補う魅力を身につけなければならない。味方に重要とみなされるために。自らの誇りを保つために。

周りを全てアラブ国家という「敵」に囲まれて生き抜いてきたイスラエルで、国民一人一人の国防意識の高さに触れ、ポーランドのように、日々、ロシアからの攻撃に怯《おび》えながら国民が生活している国で合計約四年を過ごした筆者から見ると、日本の無防備さが信じられない。日本はロシア、北朝鮮、中国という、核を持ち、国際法を守る気がなく、独裁者の意向次第で他国に侵攻する可能性がある国々に囲まれているのだ。その危険に何故、無関心でいられるのか。

中国に至っては、すでに、南シナ海で他国の島に勝手に軍事基地を作り「ここは歴史的に中国の領土、領海だ」と主張するような国だ。そんな国々に、日本は頻繁に領海・領空侵犯を受け、軍艦が国の周りを周回するような暴挙を受けているのだ。それなのに、多くの国民が「軍」「戦争」などの言葉にアレルギー反応を起こし、冷静に状況を分析し合うこともできない。

何もせず、このまま、平穏な日々が続くことを信じて疑わない。

「子供を保育所に預けにいくのも大変。忙しくて、そんなこと考えていられない。上の人が考えてくれるのでしょう」と言われたことがある。「上の人」は多分、政治家を指すのだと思うが、政治家の質においては呆れるほど信頼できない、という悲しい実証を私たちは日々ニュースで見ているではないか。もしも、何かが起こったら、子供を保育所に預けるどころではなくなる。保育所自体が破壊されてしまうかもしれないのだから。

私たちの生活は、そんな危機と隣り合わせであることに、どうか、思いをはせてほしい。

現在の日本は第二次世界大戦前の日本とは違う。

軍の暴走が起こらないよう、歯止めはしっかりとできている。むしろ、ブレーキが効きすぎて、世界から異常だと思われているくらいだ。岸田総理がウクライナを訪問した際にネックになったのは、危険のある外国で要人を護衛する任務を自衛隊が担《にな》えないことだった。G7の他の国の首脳が次々と訪れるのに、G7の議長国となる日本の総理が訪問できない。こんな馬鹿馬鹿しい理由で。

私たちは、これまで築き上げてきた「文民統制」の歴史を信ずるべきだ。軍人が閣僚になり権勢をふるうことはもうない。日本は過去の亡霊に縛られることなく世界標準の国にならなければならない。二度と第二次世界大戦前夜のような軍の暴走は起こらないシステムを私たちはちゃんと築いてきたのだから。

日本人は、八〇年近く積み上げてきた「民主主義の歴史の尊さ」にもっと自信を持っていい。その上で、この美しく平和な国をどうやったら守っていけるか、真剣に、現実的に考えなければならない。世界は、大変なスピードで動いている。日本人には、もうゆったり構えている時間はないのだ。

そして、これから私たちは『世界が縮む』という経験をすることになる。

これまではグローバリゼーションで、つながる世界は広がり続け、輸入や輸出、投資先の選択は広がってきた。しかし、完全ではないにしろ、米中のデカップリング、デリスキングが起こるということは、その選択肢が限られてくるということだ。経済効率だけでベストの場所を選ぶのではなく、共通の価値観を共有するグループの中で、最適な選択をしなければならない。どう、新しい経験に順応できるか、企業人の知恵を絞らなければならない。

中国と長い間融合してきた日本企業にとっては厳しい選択となるだろうが、できるだけ中国からの輸入を減らしていくことも考えなければならない。もちろん重要な技術や情報の移転は決して行うことなく。中国の「スパイ法」改正は日本企業にとってとても気になる。どんな難癖をつけて拘束されるかわからない。スパイ行為を通報した中国人は表彰される。道をきかれ地図を書いてあげる親切すらリスクを伴う。個人が罠をしかけるかもしれない。国家が嫌がらせをしてくるかもしれない。圧力としてつかうために。残念ながら私たちのお隣さんはそういう事をくり返してきたのだ。駐在員は常に監視されている位の気構えが必要になる。

中国式システムが支配する世界

アルゼンチンの首都ブエノスアイレス。新型コロナウイルス対策として、二〇二〇年に導入したのはハイクビジョンの最新監視設備だった。鉄道改札口では、赤外線カメラが乗客一人ひとりを検温し、マスクの着用もチェックする。熱があったり、マスクをしていない乗客は改札口を通れない。それどころか、熱のある客の画像はすぐさま監視センターに送られ、電子的、物理的追跡が開始される。まるで映画「マイノリティー・リポート」の世界だ――。

こんな中国式の監視システムは「安さ」を武器に広がっていく。

米カーネギー国際平和基金が世界七三ヵ国を調べたところ、政府が中国の監視技術を採用した国は六〇ヵ国と八割を超えた。アメリカの技術の採用は三二カ国、日本の技術の採用は一七カ国。六〇ヵ国のうち二九ヵ国は中国の技術のみの「完全な中国式監視システム」を輸入している。

逆に、中国を排除する国は一三ヵ国。権威主義的な国ほど中国式システムを採用する傾向がある。セルビアは首都ベオグラードにファーウェイの都市監視システムを導入。タジキスタンやイランでも採用が相次ぐ。ファーウェイは南アフリカやUAEで毎年のように大規模な「都市監視システム」の商談会を開催し、現在九〇ヵ国、二三〇都市で導入が進みつつあるという。

治安維持に腐心する独裁体制にとって中国式監視システムの魅力は増すばかり。技術の採用国は国民に「治安を強化し、犯罪を減らす」と宣伝し、実際には「国民の監視を可能にするシステム」を手に入れる。それが、中国が輸出しようとしている「中国式現代化社会」だ。

スウェーデンの大学によると、中国の技術を採用した国で民主主義が後退する傾向がある。二九ヵ国のうち「一〇年前より民主主義が明確に後退した」国は一三ヵ国と半分近い。

すでに安さを武器に、八割の国で採用されている中国のファーウェイやハイクビジョン、ダーファ・テクノロジーが「世界の事実上の標準」になりつつある現実を私たちはまず、認めなければならない。

先進国で足並みが揃っても、人口の多い新興国で使われ続ければ中国は規模のメリットを活かせる。人権やプライバシーを守りながら進み、最初からハンディをおっている先進国の企業は、コスト競争でさらに差をつけられかねない。危険を承知していても、5Gシステムの構築からファーウェイを排除できる国がいかに少なかったかを考えれば、それは簡単に想像できる。

香港で見られたような力や暴力による民主主義の抑圧は、今や世界のあちこちで見られ、増え続けている。中国やロシアのテクノロジーが世界の独裁政権をより強固にする。民主化を進めようとする人々をまるでスターウオーズに出てくるような非人間的な防具に身を固めた特殊警察が、容赦なく弾圧していく。中国は独裁主義的な国々に情報統制、インターネット統制、社会監視システムを提供することで恩を売り、自国を中心とした国際秩序を作ろうとしている。そんな国を増やし、それらの国々をまとめて中国がリードしていく――。

それが、習近平の考える「人類運命共同体」であり、「偉大なる中華民族の復興」なのだ。

しかし、民主主義と自由主義、人権の尊重や法の支配に慣れてきた私たちは、とてもそんな社会を受け入れることはできない。

技術を民主主義の味方として使ってもらうためにはどうしたら良いのだろう。

読んできてくださった方々に、一緒に考えてもらいたい。

香港の民主化弾圧をただ、見ているしかなかった後悔の念をこめて。

日本人の誰一人として、無益な戦争に巻き込まれて命を落とすことのないように。

そのために私たちは周到な準備をしなければならない。

民主主義という価値観を共有できる友好国との絆を深めること。

沖縄や鹿児島の防衛対策を進め、住民の命を守るシェルターを作ること。

尖閣諸島に関しては、海上保安庁と自衛隊のスムーズな連携ができるようにすること。

サイバーや機密情報の防衛力を高め、私たちの平穏な生活を守ること。

「国家が安定した存在であること」が、私たち一人一人の平穏な生活のためにいかに大切なことであるか、日々意識して、ものごとを判断し、生きること。

最も緊急で大事なことは、多くの努力と断固たる決意を目に見えるはっきりとした形で行って、習近平に「日本を戦争に巻き込むことは得策ではない」と理解させることだ。

決して、ある日突然、自分が「戦場」にいることに気付いて後悔することのないように。

後書き

この本は四十年来の親友で、常に変わることなく筆者を支えてきて下さった窓社の吉元尊則社長、私が体調を崩すたび「こちらは柔軟に対応しますから大丈夫ですよ」と勇気づけてくれた西川印刷の西川祥平さん、共同通信の膨大な写真の中から最適なものをピックアップしてくださった金田 誠さん、カバーデザインを楽しくチャットしながら、素敵なものに仕上げてくれたsunatoriさん、常にその懐の広さと深い見識で私を驚かせてくれる夫、そのすべての方々の協力なしにはとても完成させることはできませんでした。

そして、何よりこの本を手にしてくださった読者の皆様、心から感謝しています。

読んでくださって、本当にありがとうございます。

どうか、これから、日本の将来を一緒に考えてくださいますように。

そうして、多くのお友達に、平和な生活に慣れた日本が実は、現在、ひどく危機的な状況にあるという事実を伝えてくださいますよう、願ってやみません。

松富かおり

明日は戦場にいるかもしれない—習近平の野望—
私たちの平和な生活はガラスのように脆い

2023年 8月10日 第1刷発行

著　　者　松富 かおり
発 行 者　宮下 隆
発 行 所　株式会社 窓社
〒170-0005
東京都豊島区南大塚3-32-10 今井保全ビル 8F
電話03-6388-6401(代)
http://www.mado.co.jp
印刷・製本　新星社西川印刷株式会社

ISBN978-4-89625-145-6 C0031